TAROT

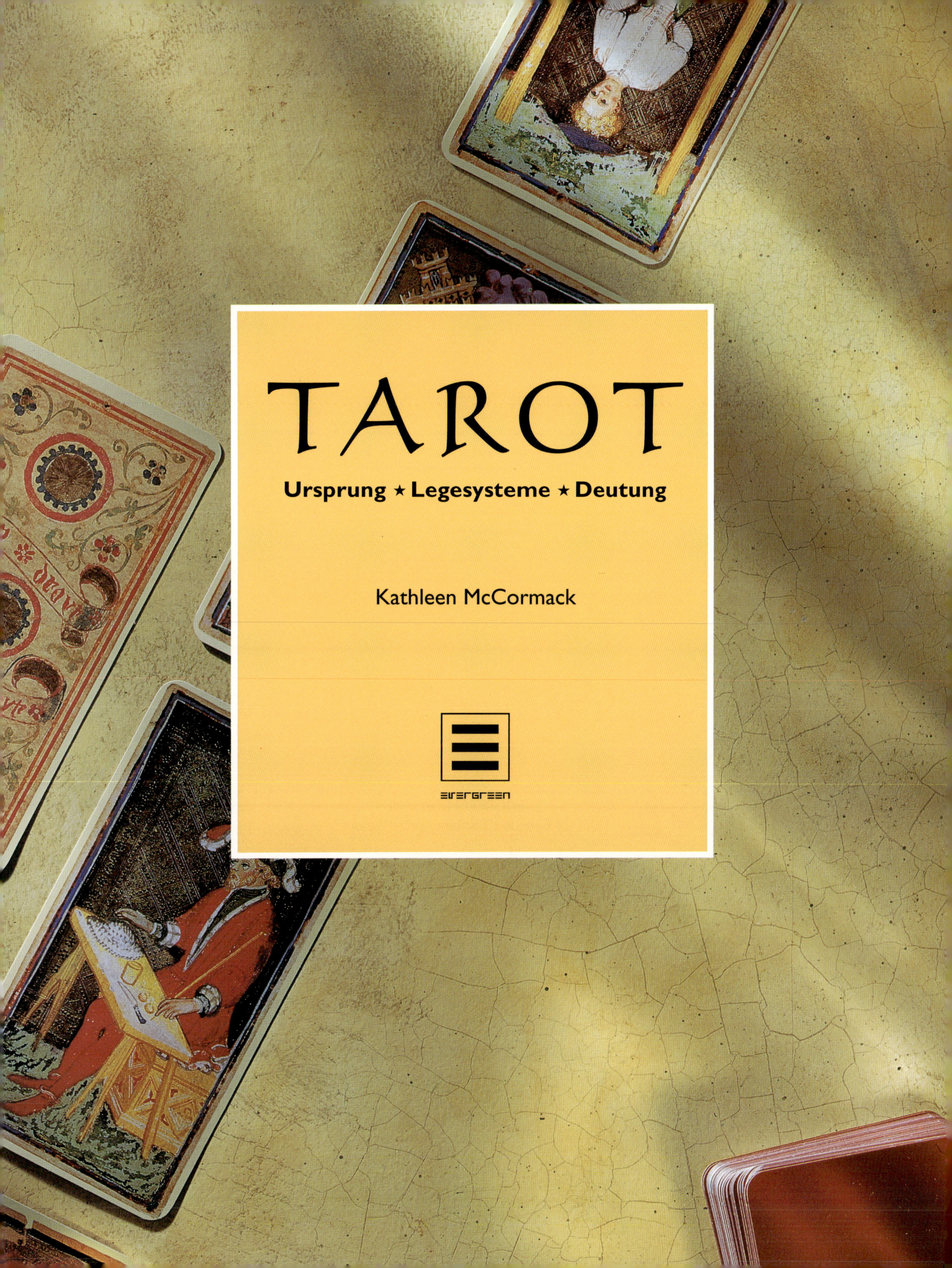

TAROT

Ursprung ⋆ Legesysteme ⋆ Deutung

Kathleen McCormack

evergreen

EVERGREEN is an imprint
of Benedikt Taschen Verlag GmbH

Übersetzung: Martin Rometsch, Mengen
Koordination: Katrin Becker, Köln

Printed in China
ISBN 3-8228-6938-4

INHALT

Einführung

Viele Menschen folgen ihrer Intuition, aber nur wenige entwickeln ihre übersinnlichen Gaben weiter. Manche ignorieren entsprechende Erfahrungen, weil sie sich davor fürchten oder sie für sündhaft halten; für andere gehört die Intuition in die Sphäre des Irrationalen. Die ersten Experimente mit paranormalen Fähigkeiten wurden in den dreißiger Jahren an der Duke University in North Carolina durchgeführt. Diese Tests zeigten, daß manche Menschen in die Zukunft oder in die Vergangenheit sehen können und daß viele telepathisch veranlagt sind. Der Ausdruck ESP (für extra-sensory perception, also übersinnliche Wahrnehmung) wurde als Sammelbegriff für Telepathie, Hellsehen, Déjà-vu-Erlebnisse, Psychokinese und ähnliche Fähigkeiten geprägt.

Für Gelehrte und Seher ist der Tarot seit Jahrhunderten ein Schlüssel zur Intuition und ein Fenster in die Zukunft. Die Deutung der Karten erfordert viel Übung und Erfahrung und eine starke Konzentration auf das Innere – Intuition wird am besten freigelegt, wenn das Bewußtsein so weit wie möglich ausgeschaltet ist. Es ist äußerst schwierig, die Aussagen der vielen Karten im Kopf zu behalten, und weil es sehr wichtig ist, Interpretationen nicht zu erfinden, haben die Seher einst die Bedeutungen auf den Karten vermerkt. Heute schreiben viele Leute sie auf Etiketten, die sie hinten auf die Karten kleben, was das Lesen der Karten sehr vereinfacht. Bei der Auswahl des »richtigen« Tarots entscheidet schlicht der persönliche Geschmack.

Indolence
LE PENDU
Fortune
LE DIABLE

Die Geschichte des Tarot

Der Ursprung der 78 Tarotkarten ist rätselhaft, und darum wird viel darüber spekuliert. Manche glauben, die Karten seien den heiligen Büchern Ägyptens entnommen, andere meinen, ihre Heimat sei Indien oder China und Zigeuner hätten sie nach Europa gebracht. Einige halten sie für die Schöpfung einer Gruppe von Kabbalisten im Mittelalter. Griechische Mysterienkulte, die alte arabische und indische Philosophie sowie die jüdische Kabbala haben die Symbolik des Tarots beeinflußt. In ihr, so heißt es, seien die Geheimnisse des Universums und der menschlichen Natur verborgen.

Die ersten Karten

Die älteste erhaltene Beschreibung eines Tarots stammt aus dem Jahr 1392. Damals kaufte König Karl VI. von Frankreich drei Decks. Diese Karten, die möglicherweise der Künstler, Astrologe und Kabbalist Jacques Gringonneur schuf, waren zweifellos prächtig, wie es dem königlichen Auftraggeber gebührte. 17 Karten, auf Pergament gemalt, geschmückt mit goldenen Rändern und Bildern in Silber, Lapislazuli und einer dunkelroten Farbe namens »Staub der Mumie«, galten lange als Teil dieses Decks; heute hält man sie für jüngere italienische Werke.

Tarotkarten sind fast mit Gewißheit älter als Spielkarten, die der Unterhaltung dienen. Beide sind jedoch miteinander verwandt. Im 15. Jahrhundert gab es Kartendecks, die man zum Spielen, aber auch in der Schule benutzte; auf einem von ihnen ist die Ordnung des Universums dargestellt. Aber es gibt Belege dafür, daß Spielkarten in Europa schon vorher weit verbreitet waren. In Deutschland wurde das Kartenspiel bereits 1378 verboten, aber 1379 zählte es zu den Attraktionen auf einem Fest in Brüssel, und im selben Jahr vermerkten die Buchhalter des Herzogs von Brabant (ebenfalls im heutigen Belgien) einen Geldbetrag für ein Kartenspiel. Im folgen-

Rechts: *Der Tarot wird auch mit mittelalterlichen italienischen Historienspielen, den »Triumphen«, in Verbindung gebracht. Die ersten Karten könnten Geschenke von Künstlern an ihre Mäzene gewesen sein. Vielleicht haben die Triumphe den »Trümpfen« ihren Namen gegeben.*

Unten und unten links: *Die Päpstin (Hohepriesterin) und der Magier (Schuhmacher) aus einem italienischen Tarot des 15. Jahrhunderts. Die Bilder wurden auf Pergament gemalt und hatten goldene Ränder.*

den Jahr erlaubte das Nürnberger Gesetz das Kartenspielen, und drei Jahre später wurde es in Florenz zugelassen. Den Parisern war es noch 1397 an Werktagen verboten.

Man hat die Bildersymbolik des Tarots und anderer Karten mit den Historienspielen italienischer Städte im Mittelalter in Verbindung gebracht. Diese »Triumphe« – sie wurden meist von adligen Familien in Auftrag gegeben – erzählten dramatische Geschichten mit einer Moral und gehen vielleicht auf die antiken Mysterienspiele zurück. Diese veranstaltete man zu Ehren einer Adelshochzeit oder eines kirchlichen Würdenträgers oder feierte damit einen Heiligen. Mit der Zeit wurden die Tableaus immer kostbarer und komplizierter, und die Ingenieure mußten Mechanismen erfinden, um sie zu animieren. Berühmte Künstler wie Leonardo da Vinci fertigten die Entwürfe an. Ein Kartenspiel namens »Triumph« gab es seit dem 14. Jahrhundert. Möglicherweise hat es sich aus Karten entwickelt, die an ein Historienspiel erinnerten, und wurde von einem Mäzen in Auftrag gegeben, sofern ein dankbarer Künstler es ihm nicht als Souvenir schenkte.

Der Tarot wird verbrannt

Im Spätmittelalter ließ die Kirche viele Tarotdecks verbrennen, weil sie Kartenspiele als sündhaftes Glücksspiel ablehnte. Die erste bekannte Attacke ritt 1377 ein schweizerischer Mönch. Sein Angriff zielte offenbar nicht auf ein Deck aus 78 Karten, nicht einmal auf die

22 Großen Arkana, sondern auf ein Deck aus 56 Karten – vielleicht der Vorläufer unserer heutigen Spielkarten. Im Jahre 1450 verdammte ein Franziskanermönch die heidnischen Symbole auf den Karten. Damit setzte er den Kreuzzug gegen die verbreitete Spielleidenschaft in Italien fort, den St. Bernardino di Siena begonnen hatte. Bernardino war dafür verantwortlich, daß viele Karten, die für große italienische Familien geschaffen worden waren, 1423 vernichtet wurden. Der Visconti-Tarot, für Filippo Maria Visconti, den Herzog von Mailand, angefertigt, wurde zum Glück vor den Flammen bewahrt und ist einer der berühmtesten Tarots, die es heute noch gibt.

Gedruckte Karten

Trotz des Widerstandes der Kirche wurden Karten weiterhin viel benutzt, sei es zum Spiel, sei es zum Wahrsagen. Dank der Erfindung des Holzschnitts in Europa entwickelte sich die Kartenherstellung zu einem Handwerk; in Nürnberg registrierte man Kartenmacher und -maler, darunter auch Frauen. Reiche Leute beauftragten bekannte Künstler, individuelle Karten zu malen. Nachdem der Maler und Holzschneider Albrecht Dürer Ende des 15. Jahrhunderts in Florenz ein Deck aus 98 Karten, die Minchiate, gesehen hatte, kehrte er nach Deutschland zurück und schuf seine eigene Version.

1463 hielt der pragmatische englische König Edward IV. es für angebracht, ein Dekret zu erlassen, das zwar nicht das Kartenspiel, wohl aber die Einfuhr ausländischer Karten verbot. Spielkarten verkauften sich nämlich so gut, daß die englischen Hersteller in Schwierigkeiten gerieten und die Handelsbilanz ernstlich gefährdet war.

Individuelle Kartendecks

Da so viele italienische Kartendecks erhalten sind, vertreten viele die Meinung, der Tarot sei dort entstanden. Manche behaupten, die Karten, die Francesco Fibbia, der exilierte Prinz von Pisa, 1412 in Bologna entwarf, seien der Ursprung des heutigen Tarots mit seinen 78 Karten, obwohl dieses Deck keine Kleinen Arkana unterhalb der Sechs besaß. Dieser Tarocchino war offenbar zunächst für ein Spiel bestimmt, das der Prinz selbst erdacht hatte und das damals sehr beliebt war. Er vereinigte die Hofkarten mit älteren Bildkarten, die man wohl zum Wahrsagen benutzte. Selbst heute entfernen manche Wahrsager alle Karten unterhalb der Sechs aus ihrem Deck.

Manche Leute glauben, der Prinz habe die Tarotsymbole entweder selbst geschaffen oder aus einem älteren Spiel übernommen.

Oben: *Holzschnitt-Druckstock für 12 Minchiate-Karten, 16. Jh. Auf ihm sind die Tierkreiszeichen, die vier Elemente und die vier Himmelsrichtungen, aber auch die üblichen Tarotbilder zu sehen.*

Seine 22 Großen Arkana scheinen den spirituellen und moralischen Kampf des Menschen auf seinem Lebensweg zu symbolisieren, und seine letzte Karte war das Gericht.

Der Künstler Marziona de Tartona kopierte die Bologneser Karten, fügte die fehlenden Karten unterhalb der Sechs hinzu und kam so auf 78 Karten. Ein anderes italienisches Deck aus dieser Zeit, der Florentiner Tarot (oder Minchiate), der Dürer inspirierte, enthielt 78 Tarotkarten sowie 12 Tierkreiszeichen, die vier Elemente – Erde, Luft, Feuer und Wasser – und vier der sieben Tugenden, nämlich Glaube, Hoffnung, Mildtätigkeit und Klugheit.

Im Laufe der Jahrhunderte studierten Historiker und Okkultisten den Tarot, und viele schufen ihre eigenen Karten. So entstanden Tarots wie der Grand Etteilla, jener von Wirth sowie von Thoth und Rider. Manche enthalten Varianten der alten Bilder, Namen und Symbole, so wie der Hersteller sie deutete. Die Bilder auf dem Tarot de Marseille (1773), der heute als Standard gilt, sind jedoch Vorbildern aus dem Mittelalter nachempfunden. Ihr Schöpfer, der französische Historiker Antoine Court de Gébelin, hat viele der ursprünglichen Holzschnitte kaum verändert.

Unten und links: *Die Zehn der Münzen und das As der Schwerter aus einem italienischen Tarot aus dem 15. Jahrhundert für die Familie Visconti. Dieser Tarot ist einer der berühmtesten, die es gibt.*

Die Kleinen Arkana

Die 56 Kleinen Arkana werden in vier Serien eingeteilt. Die Karten sind jeweils vom As bis zur Zehn numeriert. Die vier Hofkarten kommen hinzu: König, Königin, Ritter und ein Bube, der auch Page oder Hofdame genannt wurde, also männlich oder weiblich sein konnte. Bube bedeutete einst ›Sohn‹, und darum wird angenommen, daß die Hofkarten entweder eine wohlhabende mittelalterliche Familie oder ein königliches Paar mit Soldat und Diener darstellten.

Die vier Serien – Schwerter, Münzen, Stäbe und Kelche – waren traditionell mit dem Löwen, dem Stier, dem Adler und dem Engel (oder Menschen), uralten astrologischen Symbolen, verbunden. In der Vision des Propheten Hesekiel wurden sie zu den vier Tieren der Apokalypse. Maler des Mittelalters setzten sie mit den vier Elementen – Erde, Wasser, Feuer und Luft – sowie mit den vier Jahreszeiten – Frühling, Sommer, Herbst und Winter – gleich. Diese assoziierte man ihrerseits mit den hebräischen Buchstaben Jod, He, Waw, He (Lautwerte: JHVH) oder Jahve(h) (gedeutet als die bewußte Energie, die das Universum schuf). Die vier Serien hatten auch etwas mit den vier heiligen Symbolen der Legenden vom Gral zu tun: Schwert, Platte (christlich: Hostienteller), Lanze und Kelch. Andere glauben, sie seien von den vier Ständen der Gesellschaft abgeleitet, wobei die Kelche den Klerus, die Münzen die Kaufleute, die Schwerter den Adel und die Stäbe die Bauern symbolisieren. Die Kelche könnten aber auch den Adel, die Stäbe die Grundbesitzer, die Münzen die Händler und die Schwerter die Soldaten versinnbildlichen.

Im 15. Jahrhundert veränderte Étienne de Vignoles, ein französischer Ritter, die Kleinen Arkana und schuf das Kartenspiel Pikett. In unseren modernen Spielkarten, die darauf zurückgehen, ersetzt die Farbe Herz den Kelch, so daß sie auf Liebe und Glück anspielt. Die Karos, welche die Münzen ersetzen, symbolisieren angeblich die diamantförmigen Fliesen (*carrefours*) auf dem Fußboden der Pariser Börse, weil diese Farbe mit Geld assoziiert wird. Die Form der Kreuze, die den Platz der Stäbe einnehmen, ist dem Kleeblatt nachempfunden, dem Symbol der Fruchtbarkeit und Kreativität. Die Pik anstelle des Schwertes ist entweder von der Spitze der Lanze (Pikee) oder vom Griff des Schwertes abgeleitet und ist das Sinnbild der Stärke, des Streits und des spirituellen Strebens.

Asien als Ursprung

Die reiche Symbolik der Karten ist faszinierend und weist auf machtvolle, vielleicht unergründliche Rätsel hin. Die 56 Kleinen Arkana kommen uns vertraut vor; ihre Serien stimmen in etwa mit den Farben Herz, Karo, Pik und Kreuz überein. Die meisten Spekulationen lösen die 22 Großen Arkana aus, und da niemand genau weiß, woher der Tarot kommt, gibt es viele Theorien.

Ein italienischer Schriftsteller namens Covelluzo behauptete im 15. Jahrhundert, arabische Händler hätten die Karten 1379 nach Italien gebracht. In der Tat waren die Häfen Italiens und Venedigs im Mittelalter geschäftige Handelszentren. Reisende wie Marco Polo, die im 13. und 14. Jahrhundert China, Indien und andere Teile Asiens besuchten, öffneten das Tor zu neuen Welten. Seefahrer brachten neben ihrer exotischen Ladung auch die Philosophien des Ostens mit, und man sagt, sie hätten runde Spielkarten aus China eingeführt, aus denen später in Venedig die Kleinen Arkana des Tarots geworden seien. Einige moderne Gelehrte glauben, vier alte Karten in der Bibliothèque Nationale zu Paris seien venezianischen Ursprungs und die Vorbilder aller anderen Tarots.

Es wird auch eine Verbindung zwischen den Großen Arkana und den metaphysischen Lehren Indiens, vor allem dem Buddhismus, hergestellt. Diese Religion wurde mehr als 500 Jahre vor Christus von Siddhartha Gautama, dem Buddha oder »Erwachten«, gestiftet. Der (Triumph-) Wagen könnte dann den Dschagannath symbolisieren, das Rad des Lebens (Schicksals, Glücks) das Rad der Wiedergeburt und der Teufel Yama, den Gott des Todes. Die anderen Großen Arkana stellen möglicherweise Erfahrungen dar, die der Buddha vor der Erleuchtung machte. Wie dem auch sei, der Tarot geht von ähnlichen Vorstellungen aus, obwohl wir die Karten entsprechend der westlichen Tradition auslegen.

Links und unten: *Manche Gelehrte ziehen Parallelen zwischen der Symbolik der Großen Arkana und der des Buddhismus – zwischen Teufel und Todesgott, der (Triumph-) Wagen und Dschagannath, dem Rad des Lebens und dem Rad der Wiedergeburt. Hier Karten aus dem IJJ Tarot, Schweiz.*

Eine Bildsymbolik für Eingeweihte

Die Idee, daß der Tarot wichtiges Wissen in verschlüsselter Form enthält, legt einen Zusammenhang mit der großen Bibliothek zu Alexandria nahe, die im 4. Jahrhundert v. Chr. gegründet wurde. Nach ihrer Zerstörung 700 Jahre später wurde Fez in Marokko das Zentrum der antiken Welt. Dort kamen Gelehrte aus so vielen Ländern zusammen, daß sie ein Kommunikationsmittel benötigten, das allen verständlich war. Also wurden mystische Symbole geschaffen und in einem Buch niedergelegt; ihre Bedeutungen jedoch gab man mündlich weiter. Später malte man die Symbole auf Karten, mit denen auch Nichteingeweihte spielten.

Der Templerorden

Eine andere Theorie, die mehr Befürworter hat, nimmt an, die Karten seien von den Templern geschaffen worden. Teilnehmer an den Kreuzzügen gründeten diesen asketischen Ritterorden 1119. Ihr Anführer war Hugo von Payens, ihr Ziel der Schutz der Jerusalempilger und der Wege ins Heilige Land. Mit der Zeit wurde der Orden so mächtig und reich, daß König Philipp IV. von Frankreich ihn als Bedrohung empfand. Im Jahr 1305 ließ er den Besitz des Ordens beschlagnahmen und beschuldigte die Ritter der Häresie – wahrscheinlich mit Hilfe falscher Zeugen, die aussagten, die Ritter verehrten einen Götzen namens Baphomet und besäßen Statuen, die nach Ansicht der Kirche den Teufel symbolisierten. In Wahrheit stellten diese Figuren Mithras dar, einen seit 1000 v. Chr. in Persien verehrten Gott, dessen Kult im ganzen Römischen Reich verbreitet war, weil er die Erlösung und das ewige Leben verhieß. Mithras wurde mit der Sonne und mit der Astrologie assoziiert, und seine Anhänger hielten in unterirdischen Tempeln geheime Initiationsriten ab. Viele Templer, auch ihr Anführer, wurden durch Folter zu Geständnissen gezwungen – die Hugo von Payens später öffentlich widerrief – und auf dem Scheiterhaufen verbrannt.

Im Jahre 1312 wurde der Orden aufgelöst; aber einige Gruppen überlebten, und die Mystik, die den Orden 200 Jahre lang umgeben hatte, faszinierte die Menschen noch jahrhundertelang. Auch heute behaupten Individuen und Gruppen, sie seien die Erben der Templer und ihrer Geheimnisse. Es gab in der Tat mysteriöse Praktiken. Eingekerbte Symbole an Versammlungsorten deuten darauf hin, daß sie sich mit Alchimie, mystischer Geometrie, Numerologie und Astrologie (damals identisch mit Astronomie) befaßten. Da sie im Nahen Osten kämpften, wurden sie mit der islamischen und jüdischen Kultur vertraut. Einige Mitglieder waren Katharer und Anhänger der Gnostik, einer synkretistischen Lehre, die Überzeugungen aus Mythologie, griechischer Philosophie, alten Religionen und Christentum zusammenführte. Die Katharer waren überzeugt, daß die Materie eine Schöpfung des Teufels sei; sie strebten nach dem Einswerden mit Gott. Wir wissen nicht, ob die Tem-

Unten: *Kreuzritter wie die Templer (rechts) waren für ihre geheimen Riten bekannt. Ihre Symbole sind auf vielen Tarotkarten zu finden.*

Links: *Dieses Gemälde stellt eine Gruppe junger Leute dar, die mit Tarotkarten spielen. Obwohl die Kirche das Kartenspiel jahrhundertelang bekämpfte, blieb es eine beliebte Unterhaltung. Hier sind Karten mit Stäben und Münzen zu sehen. Die vier Serien der Kleinen Arkana sind die Vorläufer der modernen Farben: Aus Stab wurde Kreuz, aus Münz Karo, aus Kelch Herz und aus Schwert Pik.*

pler »Götzen verehrten« oder lediglich ihre Versammlungsorte mit Symbolen schmückten, die sie für einen Ritterorden als angemessen empfanden. In vielen Tarots finden wir jedoch Symbole, die auf den Orden zurückgehen, und in Tarots aus dem 18. Jahrhundert ist eine Statue zu sehen, die Mithras als Teufel darstellt – vielleicht inspiriert von einem neu erwachten Interesse an dem Orden.

»Erkenne dich selbst«

Viele Mythen, die sich um den Tarot ranken, stammen aus der Renaissance, die in Europa einen neuen Geist der Bildung verbreitete. Seit dem 14. Jahrhundert interessierten die Gelehrten sich immer stärker für die Werke der klassischen griechischen und römischen Autoren und entdeckten das Gedankengut der Antike neu. Die Erfindung der Druckerpresse sorgte dafür, daß klassische, religiöse, wissenschaftliche und philosophische Texte ein größeres Publikum erreichten als je zuvor, und viele Schriften forderten das orthodoxe Denken heraus.

Einige Gelehrte der Renaissance hielten die griechischen Götter und Göttinnen mit ihren unterschiedlichen Einflußsphären, ihren göttlichen und menschlichen, bisweilen düsteren Attributen für besser geeignet, den komplexen Kosmos und die Gesetze der Schöpfung zu symbolisieren. Über dem Tor des Apollon-Tempels zu Delphi standen die Worte »Erkenne dich selbst«. Dieses Motto war einer christlichen Kirche fremd, die strikten Gehorsam forderte und für die der Mensch nicht im Mittelpunkt des Erkenntnisinteresses stand. Die Denker der Renaissance waren von den Ideen platonischer und alchimistischer Philosophen inspiriert, die Wert auf die Entwicklung der Persönlichkeit legten; und die Künstler und Bildhauer jener Zeit stellten neben den üblichen religiösen Gestalten auch klassische Götter und Göttinnen dar.

Tarot in den Klöstern

Obwohl die Kirche das Kartenspiel als sündhaft bekämpfte, haben möglicherweise Mönche dazu beigetragen, den Tarot zu erhalten. Sie beschäftigten sich im Mittelalter mit Mnemotechnik und benutzten Bilder als Gedächtnisstütze (die Stationen des Kreuzweges, der zum Tode Jesu führt, sind eine moderne Entsprechung). Eine dieser Merkhilfen ist das Baldini-Kartenspiel, das einige dem italienischen Künstler und Kupferstecher Andrea Mantegna zuschreiben, obwohl es wahrscheinlich etwas jünger ist. Man nimmt an, daß der Papst und seine Kardinäle sich während des sieben Monate dauernden Konzils von 1459 mit diesen Karten die Langeweile vertrieben. In den Bibliotheken der Klöster befanden sich alte *grimoires* (Bücher mit Zaubersprüchen) über Alchimie und Astrologie sowie die Bücher der verfolgten Sekten, zum Beispiel der Gnostiker und der Albigenser, einem Zweig der Katharer. Die Mönche studierten auch die klassischen Götter, die sie für Verkörperungen Satans hielten.

Gedächtnis, Meditation und Magie

Manche glauben, die Symbole der Tarotkarten seien einem gnostischen oder albigensischen Buch entnommen. Andere sind der Meinung, das mnemotechnische System aus dem alten Griechenland verlange, über Bilder mit tieferer Bedeutung, Sinnbilder der göttlichen Gesetze des Kosmos, zu meditieren. Das Ziel der Meditation war ein spiritueller Bewußtseinszustand, in dem die Seele von göttlicher Energie erfüllt wurde. Doch nicht nur Mönche befaßten sich mit Mnemotechnik. In der Renaissance wuchs das Interesse an Talismanen, magischen Symbolen und klassischen Bildern als Stützen der Gedächtniskunst, und vielleicht sind die Großen Arkana eine Folge davon.

Der Umstand, daß es 22 Große Arkana gibt, könnte auf die Kabbala als Quelle des Tarots hindeuten, da die 22 in der kabbalistischen Numerologie von großer Bedeutung für das Entstehen der Welt ist. Die Kabbala ist eine Sammlung jüdischer mystischer Überlieferungen über die Natur des Kosmos. Ihre Herkunft liegt im Dunkeln, aber einige Teile könnten aus dem Alten Ägypten stammen. Bekannt wurde die Kabbala im 12. und 13. Jahrhundert in Frankreich und Spanien, in der Renaissance nahmen christliche Humanisten sie begeistert auf. Sie ist esoterisch und abstrus und hat einige Ideen mit der Gnostik gemein; traditionell wird sie jedoch mit der Magie in Verbindung gebracht. Die alten Kabbalisten hielten das für eine gefährliche Abweichung, doch Okkultisten fügten den ursprünglichen Schriften ihre eigenen Deutungen hinzu.

Die Bedeutung der Zahl 22 geht auf die 22 Buchstaben des hebräischen Alphabets und die 22 Bahnen oder Pfade des Lebensbaumes zurück. Diese Pfade verbinden alle Aspekte des Göttlichen, die dem Kosmos und der menschlichen Natur zugrunde liegen. Der Baum ist ein Sinnbild des Universums als Emanation Gottes; er symbolisiert das Herabsteigen des Göttlichen auf die Ebene des Menschen und den Pfad, der uns zur Vereinigung mit Gott führt. Die Zahl und die Symbolik der Großen Arkana und die übliche Art des Legens spiegeln vielleicht diese Auffassung vom Kosmos wider.

Unten: *Auch die mysteriösen Symbole der Hexen und Zauberer wurden im Laufe der Jahrhunderte von vielen Okkultisten mit den Symbolen des Tarots in Verbindung gebracht.*

Die Weisheit des alten Ägypten

Die Ansicht, der Tarot sei ein Kompendium uralter mystischer Weisheit, wurde vor allem im Frankreich des 18. Jahrhunderts, im Zeitalter der Aufklärung, vertreten. Humanistische Ideale blühten, Dogmen wurden erneut in Frage gestellt, Geheimgesellschaften entstanden, welche die Templer als Vorkämpfer antiklerikaler Ideen verehrten. Die Freimaurer behaupteten, sie seien die Erben der Templer, ihrer Riten und Geheimnisse.

In den Jahren 1773 bis 1784 veröffentlichte der französische Gelehrte und Freimaurer Antoine Court de Gébelin neun Bände seines Werkes *Le Monde Primitif*, in denen er die Sitten, die Wissenschaft und die Religion der Antike mit der Kultur seiner Zeit verglich. In Band 8 von 1781 erörterte er den Tarot und erklärte, er sei ägyptischen Ursprungs und ein Überrest des heiligen Buches Thot. Der ägyptische Gott Thot war der Schutzpatron der Schreiber und Magier, die unter anderem das Herz der Verstorbenen wogen, wenn diese vor ihrem Richter standen. Die Griechen und Römer stellten eine Verbindung zwischen Thot und ihrem Botengott Hermes/Merkur her und betrachteten ihn als Begründer der Alchimie, die dem Quecksilber oder Merkurium große Macht zuschreibt. Die Neuplatoniker verliehen Thot den griechischen Ehrentitel Hermes Trismegistos (Hermes, der dreimal Größte). Nach einer Legende diktierte Hermes Trismegistos 42 alchimistische Bücher über die Philosophie des Alten Ägypten. De Gébelin glaubte, Zigeuner hätten die erhaltenen Fragmente – den Tarot – aus dem Alten Ägypten mitgebracht.

Als de Gébelin den Tarot kennenlernte, erkannte er, daß die Karten sehr alt waren, und er bemerkte, sie seien zwar in Belgien, Italien, Deutschland und Spanien seit Jahrhunderten als Wahrsage- und Spielkarten in Gebrauch, aber in Frankreich kaum bekannt, außer im Süden und vor allem in Marseille, wo viele Zigeuner lebten. Die Zigeuner kamen im 15. Jahrhundert nach Frankreich, und man glaubte, sie stammten aus Ägypten (das englische *gypsy* ist von *egyptian* abgeleitet). In Wirklichkeit waren sie Inder, die über Persien nach Europa zogen.

Ein Pariser Barbier namens Alliette, der unter dem Pseudonym Etteilla (sein Name rückwärts gelesen) als Wahrsager berühmt wur-

Unten: *Ägyptische Kunstwerke, die Napoleon im 18. Jahrhundert nach Europa brachte, faszinierten die Menschen, und viele glaubten, der Tarot stamme aus dem Alten Ägypten.*

de, nahm de Gébelins Ideen begeistert auf. Seine Bücher über den Tarot, veröffentlicht in den achtziger Jahren des 18. Jahrhunderts, und die von ihm entworfenen Karten zeugten allerdings eher von seinem Geschäftssinn als von gründlichen Forschungen. Er betonte die Bedeutung der Karten für das Wahrsagen und ihre Verbindung mit der Astrologie und der Kabbala; doch Wissenschaftler kritisierten seine Interpretationen und Neuerungen und ignorierten sie bald völlig. Etteilla war nicht der einzige französische Hellseher, der Karten drucken ließ. Zu seinen berühmtesten Nachfolgern zählte Marie-Anne A. Lenormand, deren Ruf sich festigte, als sie Napoleons Heirat mit Joséphine de Beauharnais voraussagte. Sie entwickelte ihre eigenen Methoden. Ein Buch über Geschichte, Deutung und Legetechnik sowie die Lenormand-Karten, die dem Tarot ähneln, sind heute noch erhältlich.

Gegen Ende des 18. Jahrhunderts fachte Napoleons Expedition nach Ägypten das Interesse an de Gébelins Theorie an. Tafeln, Statuen, Papyri und andere Antiquitäten mit mysteriösen Hieroglyphen wurden nach Frankreich geschafft und lösten eine Faszination für alles Ägyptische aus. Die Aufregung wich jedoch der Enttäuschung, nachdem der Stein von Rosette, 1799 entdeckt, die Entzifferung der alten ägyptischen Schrift ermöglicht hatte – es gab keinerlei Hinweise auf den Tarot.

Anfang des 19. Jahrhunderts lehnten Gelehrte wie Jean Duchesne und William A. Chatto die ägyptische Theorie als zu weit hergeholt ab und erklärten den Tarot für europäisch. Samuel Weller Singer bekräftigte Covelluzos Ansicht, daß die Karten aus Arabien stammten.

Oben: *Zigeuner wurden lange mit Wahrsagerei und Tarotkarten in Verbindung gebracht. Tar bedeutet in ihrer Sprache »Kartenspiel« – dies wurde als Indiz dafür aufgefaßt, daß sie den Tarot nach Europa gebracht hätten.*

Die Rolle der Zigeuner

Der Zusammenhang zwischen den Zigeunern und dem Tarot ließ sich nicht so leicht abtun. Die französischen Gelehrten Boiteau d'Ambly (er schrieb 1844 eine Abhandlung über Spielkarten) und J. A. Vaillant (er schrieb 1857 eine Abhandlung über Zigeuner oder Roma, wie sie sich selbst nennen) behaupteten, der Tarot gehöre den Zigeunern. D'Ambly meinte, der geringe orientalische Einfluß, den er in den Karten entdeckt habe, stamme aus der Zeit, als die Zigeuner aus Indien nach Persien geflohen seien. Vaillant hatte mit Zigeunern gelebt und stützte sich auf seine Kenntnisse ihrer Sprache (Romanes), Kultur und Geschichte.

Der Franzose Romain Merlin lehnte diese Theorie 1869 ab, weil der Tarot in Europa lange vor der überlieferten Ankunft der Zigeuner in Lüneburg (1417) bekannt gewesen sei. Heute wissen wir jedoch, daß Zigeuner schon viel früher durch Europa zogen. Der Schriftsteller Paul Huson, einer der größten modernen Experten, was die Herkunft des Tarots betrifft, wies wie de Gébelin auf die Zigeuner in Südfrankreich hin und nährte erneut die Spekulationen über Verbindungen zwischen diesen Menschen und Ägypten. Er machte darauf aufmerksam, daß der Schrein von St. Sara, der

Schutzpatronin der Zigeuner, in Saintes-Maries-de-la-Mer in der Camargue dort gebaut wurde, wo der Sage nach einst ein Altar des Mithras stand. In den Pantheon des Mithraskultes wurde auch der ägyptische Totengott Sarapis aufgenommen.

Wenzell Brown, ein anderer moderner Autor, schreibt, die Zigeuner hätten immer behauptet, ein uraltes geheimes Buch zu besitzen, den wahren Leitfaden des Wahrsagens mit Karten. Offenbar gaben und geben die Zigeuner ihre Wahrsagekunst mündlich von Mutter zu Tochter weiter, und darum hat bisher niemand dieses Buch entdeckt. Überzeugender ist der Hinweis auf die Zigeunersprache, die aus dem Sanskrit, der ältesten indoeuropäischen Sprache, hervorgegangen ist. Das Romanes-Wort *tar* für »Kartenspiel« ist von Sanskrit *taru* abgeleitet.

Im Jahre 1855 unterstützte Alphonse Louis Constant, ein berühmter französischer Okkultist, der unter dem Pseudonym Eliphas Lévi zahlreiche Bücher über Magie schrieb, die Theorie, wonach der Tarot in einer uralten Kultur des Nahen Ostens entstand und von Zigeunern nach Europa gebracht wurde. Lévi, der sich zum Priester ausbilden ließ und sein Leben lang katholisch war, legte den Tarot mit Hilfe der Kabbala aus. Damals war das Interesse am Okkulten enorm, und Lévis Schriften beeinflußten die Auffassungen zum Tarot mindestens bis 1920. Es gibt heute noch einen Tarot – entworfen von Oswald Wirth –, der auf seinen Ideen basiert.

Die Rosenkreuzer

Lévis Schriften inspirierten eine Gruppe von Okkultisten, Magiern und symbolistischen Dichtern, eine Bewegung zu gründen, deren Grundlage die Ideen der Rosenkreuzer war. Dieser Orden hatte sich Anfang des 17. Jahrhunderts dem Erwerb von Wissen und mystischen Erörterungen verschrieben. Im 18. Jahrhundert gingen Rosenkreuzer und Freimaurer eine Verbindung ein und übten beträchtlichen Einfluß auf esoterische Symbolik und Riten aus. Zu den Rosenkreuzern des 19. Jahrhunderts gehörte Papus (Gérard Encausse), ein Arzt, der um 1890 eine okkultistische Schule ins Leben rief. 1889 veröffentlichte er das Buch *Tarot der Zigeuner*, das nach wie vor greifbar ist und in dem er die Überzeugung vertrat, daß die Großen Arkana die spirituelle Reise des Menschen symbolisieren. Er übernahm Lévis Theorien und die Karten von Wirth, brachte die Kleinen Arkana mit dem hebräischen Zahlensystem in Zusammenhang und deutete diese Karten in Dreiergruppen (Anfang, Höhepunkt, Niedergang).

Unten: *Der rätselhafte Ursprung des Tarots fasziniert Gelehrte und Wahrsager seit Jahrhunderten. Viele von ihnen haben selbst Tarots geschaffen, etwa den hier abgebildeten Thoth-Tarot.*

Zusammenhänge zwischen der Kabbala und den 22 Pfaden des Lebensbaumes prägten auch die Lehren des Hermetic Order of the Golden Dawn, des alchimistischen Ordens der Goldenen Dämmerung. Viele Mitglieder dieses 1887/1888 gegründeten englischen Ordens waren Rosenkreuzer. Einer der Mitbegründer war ein angesehener Gelehrter namens MacGregor Mathers, der den Tarot als »Abhandlung über den menschlichen Willen und die spirituelle Erleuchtung« definierte. Ein anderes Mitglied dieses Ordens, der bekannte Okkultist Aleister Crowley, deutete die Symbole des Tarots neu und entwarf den Thoth-Tarot. Seiner Meinung nach sollte der Narr am Anfang der Großen Arkana stehen und die Zahl 0 tragen. Die meisten modernen Tarots sind ihm darin gefolgt.

Ein neuer Tarot

Im Jahre 1916 arbeitete der amerikanische Okkultist und Autor Edward Waite, ebenfalls ein Mitglied des Golden Dawn, mit der Künstlerin Pamela Colman am Entwurf eines neuen Tarots, den wir heute als Rider-Waite-Tarot kennen (Rider ist der Name des Londoner Verlegers). Er weicht insofern von der Tradition ab, als er Ideen der Rosenkreuzer in mehreren Großen Arkana verarbeitet und – noch überraschender – auf den Kleinen Arkana Szenen anstatt der üblichen Symbolmuster abbildet. Obwohl Gelehrte und Okkultisten diesen Tarot scharf kritisierten, weil er uralten Prinzipien etwas hinzufügt und wenig attraktiv ist, verschaffte er Menschen Zugang zum Tarot, denen es schwerfiel, andere Karten zu verstehen. Heute ist der Rider-Waite-Tarot einer der am häufigsten benutzten Tarots.

Anhaltende Faszination

Über die Herkunft und Deutung des Tarots wird immer noch diskutiert. Doch einerlei, woher er kommt, es hat fast mit Gewißheit stets mehrere Deutungsmöglichkeiten gegeben. Die Symbolik regt die Phantasie so stark an, daß verschiedene Betrachter fast immer auf verschiedene Gedanken kommen. Vielleicht liegt das Mysterium des Tarots jenseits aller Worte verborgen, und es könnte sein, daß er uns nur soviel Weisheit vermittelt, wie wir benötigen, um klarer zu sehen. Zweifellos umgibt eine rätselhafte Aura die Karten, und sie strahlen eine Macht aus, die wir nie mißbrauchen dürfen.

Das Lesen der Karten

Das Erlernen des Tarots ist dem Erlernen einer Sprache vergleichbar, deren Regeln man beherrschen muß, bevor man in der Lage ist, einen persönlichen Stil zu entwickeln. Erst wenn Sie mit den überlieferten Bedeutungen der Karten vertraut sind, kann eine Karte unmittelbar zu Ihnen sprechen. Wir alle haben unsere eigene Sicht auf die Welt, und wenn die Botschaft der Karten im Einklang mit Ihrem inneren Selbst steht, kann sie nicht falsch sein.

Vorbereitungen

Wenn Sie übersinnliche Fähigkeiten haben, können die Karten Ihnen helfen, in die Zukunft oder Vergangenheit zu blicken. Ist Ihre Intuition noch wenig entwickelt, wird die praktische Übung sie stärken. Seien Sie sich der spirituellen Aspekte des Lebens bewußt, und vertrauen Sie Ihrer Eingebung; dann kann Ihr sechster Sinn sich entfalten. Eines Tages werden Sie die Karten auf Ihre persönliche Weise deuten; doch bevor Sie soweit sind, müssen Sie die traditionellen Bedeutungen erlernen und das Kartenlegen üben, damit Intuition, Bewußtheit und Sensitivität sich entwickeln. Anfangs kann es hilfreich sein, die Bedeutung auf Etiketten zu schreiben und diese auf die Rückseite der Karten zu kleben.

1. *Wer die Karten liest, wird Deuter genannt, sein Gegenüber ist der Fragende. Es ist üblich, die Karten in ein schwarzes Seidentuch zu hüllen, um sie vor negativen und positiven Schwingungen zu schützen. Die meisten Deuter glauben, ihre Karten besäßen ihre persönliche Aura, und erlauben es niemandem, sie zu berühren.*

2. *Viele Deuter drehen ein Drittel der Karten vor dem Mischen um. Die meisten mischen ihre Karten selbst und bitten den Fragenden nur abzuheben. Das geschieht mit der linken Hand, die einst als die Hand des Teufels und des Bewußtseins galt, heute aber das Unbewußte symbolisiert.*

Eine Frage stellen

Obwohl es seit langem üblich ist, spezifische Fragen zu stellen, wollen manche Fragenden wenig von sich selbst preisgeben, vor allem wenn sie an den Fähigkeiten des Deuters zweifeln. Sie fragen nach unwichtigen Dingen, weil sie sich vor ihren eigentlichen Problemen fürchten. Ein geübter Deuter kann dennoch helfen, das wahre Problem zu lösen.

Deuter, die wissen, daß sie starke telepathische Fähigkeiten besitzen, und fürchten, die Gedanken des Fragenden zu lesen anstatt ihre eigenen Eindrücke zu sammeln, benutzten oft ein zweites Kartendeck und lassen ihn vom Fragenden mischen und legen, um herauszufinden, ob ihre Deutung dazu paßt.

Rechts: *Deuten Sie negative Karten stets mitfühlend, und suchen Sie nach positiven Aspekten. Das positive Große Arkanum Kraft (Stärke) übertrumpft beispielsweise alle negativen Karten. Diese Karte stammt aus dem Ukiyoe-Tarot.*

Entspannung und Mitgefühl

Zu Beginn einer Deutung müssen Sie den Geist entspannen, um ihn für die Botschaften der Tarotsymbole zu öffnen. Nachdem Sie sich für ein Legemuster (siehe Seite 24–27) entschieden haben, sollten Sie kurz meditieren oder um Eingebung beten. Sie können sich selbst schützen, indem Sie sich einen strahlenden goldenen Ring vorstellen, der Sie in Höhe der Brust umgibt. Manche Deuter verhindern auf diese Weise, daß negativ denkende oder aggressive Menschen ihnen Energie rauben. Wenn Sie spüren, daß Sie einen liebevollen Menschen vor sich haben, können Sie sich eine goldene Brücke vorstellen, die Sie mit ihm verbindet.

Denken Sie immer daran, sich in die Lage des Fragenden zu versetzen und ungünstige Botschaften der Karten mitfühlend zu deuten.

3. *Der Fragende teilt die Karten in drei Stapel und legt sie von links nach rechts nebeneinander.*

4. *Wenn man sie umdreht, vermitteln die drei obersten Karten einen ersten Eindruck von der Antwort auf die Frage. Der Deuter nimmt nun die drei Stapel von rechts nach links und legt sie verdeckt auf die linke Handfläche, bevor er sie auslegt.*

Die Wahl des Signifikators

Bei mehreren Legesystemen, etwa beim Keltischen Kreuz, das in diesem Buch vorgeführt wird, wählen Sie zunächst eine Karte aus, die den Fragenden symbolisiert. Man nennt sie Signifikator oder auch persönliche Karte. Hat der Fragende ein emotionales oder spirituelles Problem, wird diese Karte aus den Großen Arkana ausgewählt. Meist ist es der Papst (Hohepriester) für einen Mann und die Päpstin (Hohepriesterin) für eine Frau. Wenn es um materielle Dinge geht, ist die persönliche Karte eine Hofkarte. Viele Deuter wählen immer eine Hofkarte als persönliche Karte.

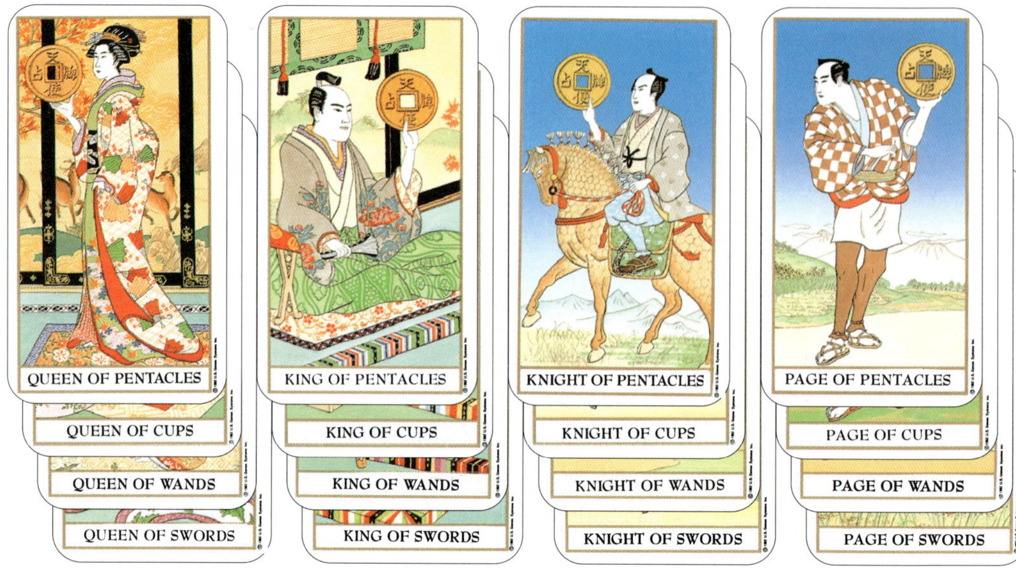

♀ 21 J. und älter — ♂ 35 J. und älter — ♂ 21–34 J. — ♀♂ unter 21

Münzen: *Blaue oder graue Augen, hellblondes oder rotes Haar, helle oder sommersprossige Haut.*

Kelche: *Blaue Augen, dunkelblondes oder hellbraunes Haar, normale bis helle Haut.*

Stäbe: *Braune oder grüne Augen, braunes Haar, olivfarbene Haut.*

Schwerter: *Dunkelbraune oder schwarze Augen, schwarzes Haar, dunkle Haut.*

Neben ihrer individuellen Bedeutung geben die Hofkarten auch Alter, Geschlecht und Hautfarbe eines Menschen an (siehe Abbildungen). Paßt der Fragende nicht eindeutig in eine der Kategorien, wählen Sie die Karte aus, die ihn Ihrem Gefühl nach am besten symbolisiert. Bei älteren Menschen sind das meist Karten aus der Serie der Münzen oder Kelche, wenn sie graues Haar haben. Wenn Ihre Intuition sich verbessert, können Sie auch eine Karte wählen, die keine Äußerlichkeiten, sondern innere Qualitäten symbolisiert. Obwohl die Bilder auf den Karten Männer und Frauen darstellen, treffen ihre Aussagen auf beide Geschlechter zu. Da die Reife eines Menschen nicht immer seinem Alter entspricht, spüren Sie vielleicht, daß der Fragende älter oder jünger ist, als seine persönliche Karte es nahelegt, oder daß eine Hofkarte des anderen Geschlechts seinen Eigenschaften eher entspricht. Die folgenden Leitlinien können Ihnen helfen:

- **Der König verkörpert eine positive, intelligente, manchmal aggressive oder diktatorische, nach außen gerichtete Kraft.**
- **Die Königin ist das Symbol einer intuitiven, mitfühlenden, beschützenden inneren Kraft, die mitunter manipuliert.**
- **Der Ritter symbolisiert jugendliche, energische, leidenschaftliche, heftige, bisweilen egoistische Persönlichkeit.**
- **Der Bube (Page) ist Sinnbild spiritueller Eigenschaften und künstlerischer oder intellektueller Talente. Er verweist auf etwas schützenswertes.**

Deutungsbereiche

Analysieren Sie immer ein großes Legemuster, bevor Sie ein kleineres, spezifischeres wählen. So gewinnen Sie einen Überblick über die Zukunftsaussichten des Fragenden. Studieren Sie alle Karten. Wenn mehrere Große Arkana erscheinen, sind die Ereignisse, die sie symbolisieren, für den Fragenden langfristig bedeutsam, oder er ist stark und mutig und weiß, was er vom Leben erwartet. Haben Sie den Eindruck, daß zu viele oder zu wenige Große Arkana ausliegen? Zu viele deuten auf einen sehr beherrschten Menschen hin, der seine wahren Gefühle nicht ausdrücken kann und dem Zusammenbruch nahe ist. Zu wenige sind ein Indiz für tiefe innere Probleme, denen der Fragende sich nicht stellt.

Die Bedeutung der Großen Arkana überlagert die der Kleinen Arkana. Beide zusammen ermöglichen jedoch klarere Aussagen über die Zukunft und über spirituelle oder emotionale Probleme. Die vier Serien der Kleinen Arkana symbolisieren die vier Elemente, und wenn eine Serie vorherrscht, ist der Bereich, dem sie zugeordnet ist, bei der Deutung vorrangig. Die Serien regieren folgende Bereiche:

- **Stäbe symbolisieren Feuer, Leben, Wachstum und Arbeit.**
- **Kelche stehen für Wasser, Liebe und Lust, das Unbewußte, Fruchtbarkeit und Schönheit.**
- **Münzen sind der Erde, den fünf Sinnen, dem Geld, der Magie und dem Handel zugeordnet.**
- **Schwerter symbolisieren spirituelles Streben, körperliche Konflikte, Mut und Stärke.**

Hat der Fragende ein bestimmtes Problem, wählen Sie ein kleines Legemuster und verwenden eine geeignete Serie:

- **Stäbe für Beruf und Karriere**
- **Kelche für emotionale Probleme**
- **Schwerter für spirituelle Konflikte oder Entscheidungen**
- **Münzen für Geldangelegenheiten**

Wenn es um tiefgreifende spirituelle Probleme oder Entscheidungen geht, nehmen Sie besser die Großen Arkana.

Wenn Hofkarten dominieren, so ist dies ein Zeichen dafür, daß viele Menschen mit der Situation zu tun haben. Manchmal steht eine Hofkarte jedoch für ein Ereignis anstatt für eine Person, gelegentlich für beides. Die inneren Eigenschaften der Hofkarten können die Persönlichkeit des Fragenden widerspiegeln, oder sie symbolisieren einen Menschen, der als Katalysator den Fragenden mehr über sich selbst lehrt und so seine Entwicklung fördert. Bisweilen stellt eine Hofkarte den Fragenden dar, so wie er war oder sein wird – zum Beispiel weil er im Herzen jung ist oder weil er von Sorgen niedergedrückt oder von Traditionen und Konventionen eingeengt wird.

Modifizierende Faktoren

Auf dem Kopf stehende Karten geben Hinweise auf den Charakter. Viele Deuter mögen solche Karten nicht, weil sie erst Mitte des 19. Jahrhunderts eingeführt wurden, vielleicht von Etteilla, dem französischen Barbier und Hellseher, der den Laien wohl die Deutung erschweren wollte. Wie dem auch sei – es gibt zahlreiche ungünstige Deutungen für aufrechte Karten. Einige Kleine Arkana haben eine überwiegend negative Bedeutung, wenn sie aufrecht liegen, und eine positive, wenn sie umgekehrt sind. Viele Deuter berücksichtigen diesen Aspekt.

Rechts und unten: *Es ist leicht zu erkennen, ob eine Bildkarte »auf dem Kopf steht«. Bei den Kleinen Arkana kann es allerdings durchaus hilfreich sein, die obere Seite zu markieren.*

Legemuster

Es gibt viele Legemuster oder Spreads. Mehrere kleine Spreads sind sinnvoller als ein Spread mit allen 78 Karten, wenn dieser Ihnen noch zu kompliziert zu sein scheint. Die Muster auf diesen Seiten gehören zu den beliebtesten und aussagefähigsten. Die größeren Spreads erlauben einen allgemeinen Überblick über das Leben des Fragenden, die kleineren eignen sich eher für spezielle Probleme.

DER EINFACHE DREIER

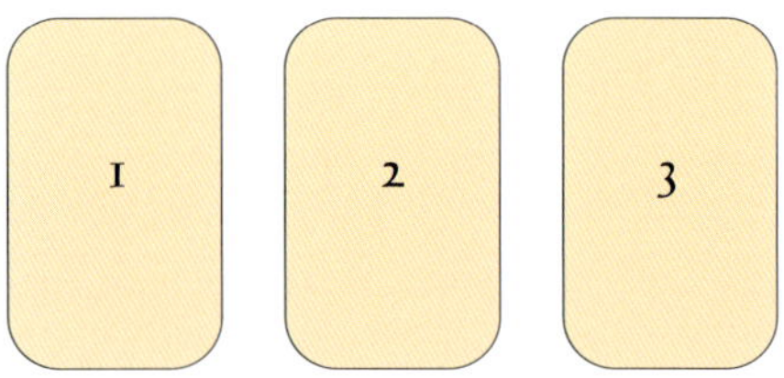

Diese alte Methode benutzen die Zigeuner, um spezifische Fragen zu beantworten. Der Fragende zieht drei Karten aus dem Deck. Die erste symbolisiert die Vergangenheit, die zweite die Gegenwart, die dritte die Zukunft. Ist die Antwort unklar, wiederholen Sie das Verfahren zweimal. Die neun Karten zusammen sollten eine Lösung aufzeigen.

DAS HEXAGRAMM

Dieser Spread beantwortet spezifische Fragen. Sie benutzen sechs Karten und den Signifikator in der Mitte. Teilen Sie im Uhrzeigersinn von oben nach unten aus. Das obere Dreieck (Karten 1, 2 und 6) zeigt positive, das umgekehrte Dreieck (Karten 3, 4 und 5) zeigt ungünstige Einflüsse an.

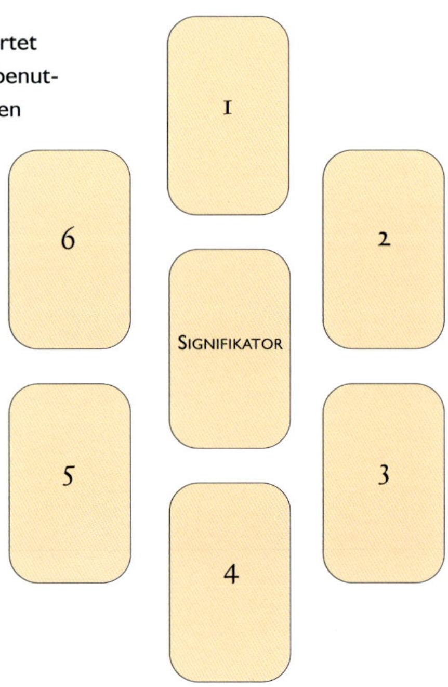

SCHNELLER SPREAD MIT DEN GROSSEN ARKANA

Verwenden Sie diesen Spread nur im Falle ernster Probleme oder Fragen.

Methode

1 Mischen Sie die Großen Arkana. Der Fragende teilt sie in drei Stapel, die er verdeckt und von links nach rechts auslegt.

2 Drehen Sie die Stapel um, heben Sie die ersten drei Karten ab, und legen Sie sie von links nach rechts nebeneinander.

3 Wiederholen Sie die Prozedur. Nun haben Sie zwei Reihen mit je drei Karten.

Deutung

Die mittleren Karten beider Reihen (2 und 5) sind hier wichtig. Sie geben das Endergebnis an oder beantworten die Frage. Die obere Reihe (1, 2 und 3) zeigt die nahe, die untere (4, 5 und 6) die ferne Zukunft. Karten 5 und 6 weisen auf Unerwartetes oder Hindernisse hin, Karten 1 und 4 auf hilfreiche Einflüsse.

DAS KELTISCHE KREUZ

Das Keltische Kreuz, das in diesem Buch ausschließlich befragt wird, besteht aus Karten aus dem gesamten Deck und wird zumeist für spezifische Fragen gewählt. Wählen Sie einen Signifikator aus, der zum Fragenden und seiner Frage paßt, und legen Sie ihn aufgedeckt auf den Tisch. Konzentrieren Sie sich auf die Frage, und mischen Sie die Karten. Der Fragende teilt sie mit der linken Hand in drei Stapel, verdeckt und von links nach rechts. Manchen Deutern vermittelt ein Blick auf die drei obersten Karten einen Eindruck vom Ergebnis, andere heben die drei Stapel von rechts nach links auf, halten sie verdeckt in der linken Handfläche und legen sie aus.

Methode

1 Die erste Karte auf den Signifikator legen.

2 Die zweite Karte quer über die erste legen.

3 Die dritte Karte unter den Signifikator legen.

4 Die vierte Karte links neben den Signifikator legen.

5 Die fünfte Karte über den Signifikator legen.

6 Die sechste Karte rechts neben den Signifikator legen. Jetzt ist das Kreuz fertig.

7 Die restlichen Karten von unten nach oben in eine senkrechte Reihe neben das Kreuz legen.

Deutung

Wenn die Großen Arkana in der Mehrheit sind, unterliegt der Fragende mächtigen Einflüssen. Möglicherweise kann er sein Schicksal nicht mehr beeinflussen.

Liegt eine Hofkarte als Karte 1 auf dem Signifikator, deuten Sie zuerst alle anderen Karten, ehe Sie entscheiden, ob diese Karte den Fragenden oder eine andere Person darstellt.

Erscheint eine Hofkarte in Position 10, bestimmt vielleicht ein Mensch entsprechenden Alters und dieser Hautfarbe das Ergebnis. Die zehn Karten des Keltischen Kreuzes haben zwar ihre je eigene Bedeutung, sie sind aber miteinander verbunden. Deuten Sie also die 10. Karte im Einklang mit der bisherigen Interpretation.

Wenn die Folgen unklar sind, legen Sie ein zweites Keltisches Kreuz auf das erste, und betrachten Sie die 10. Karte als Signifikator.

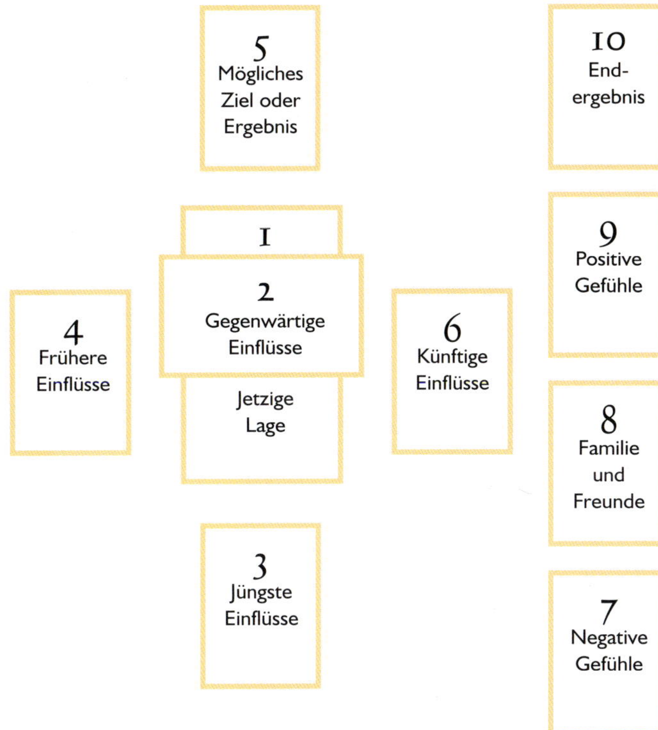

Das Keltische Kreuz besteht aus 10 Karten. Diese zeigen:

1 **Was den Fragenden bedeckt:** seine derzeitige Lage

2 **Was den Fragenden kreuzt:** Einflüsse oder Hindernisse, die mit der Frage zu tun haben

3 **Was unter dem Fragenden liegt:** Einflüsse in der jüngsten Vergangenheit, die mit der Frage zu tun haben

4 **Was hinter dem Fragenden liegt:** vergangene Ereignisse als Basis der Frage

5 **Was den Fragenden krönt:** das mögliche Ziel oder Ergebnis der jetzigen Situation

6 **Was vor dem Fragenden liegt:** Einflüsse in naher Zukunft, die mit der Frage zu tun haben

7 **Negative Gefühle:** die Ängste des Fragenden

8 **Familie und Freunde:** die derzeitige Meinung der Angehörigen und Freunde

9 **Positive Gefühle:** Hoffnungen und Ideale des Fragenden

10 **Ausgang:** das Endergebnis oder die Antwort auf die Frage

DER 21-KARTEN-SPREAD

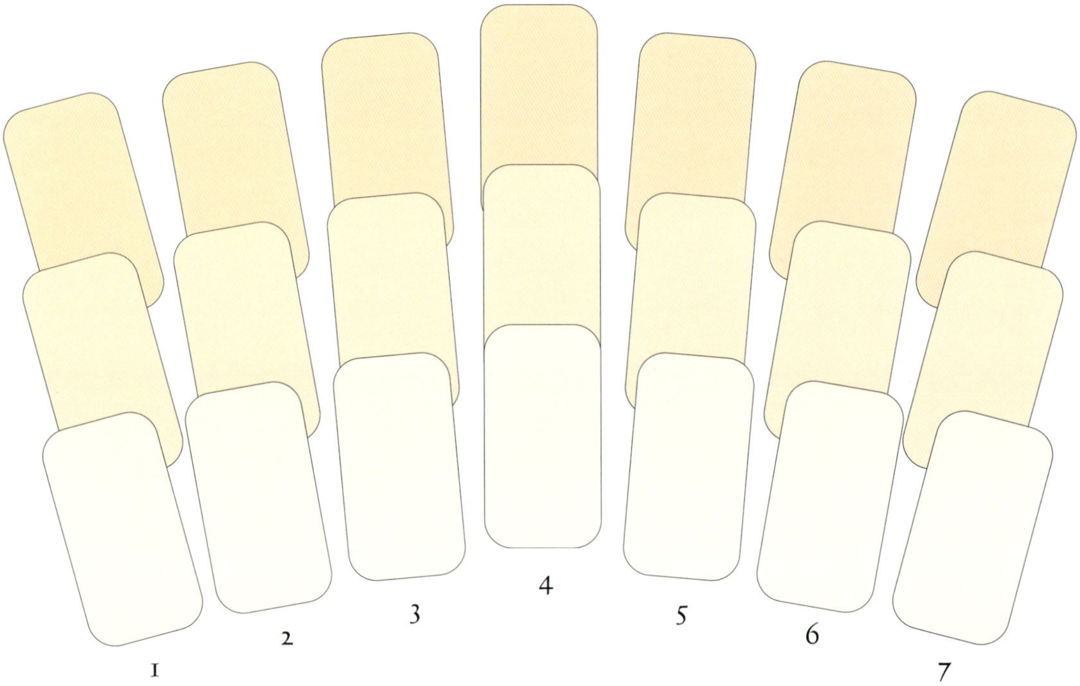

Dieser traditionelle Spread beantwortet spezifische Fragen. Wählen Sie einen geeigneten Signifikator aus, ohne ihn aus dem Deck zu nehmen. Mischen Sie die Karten vor dem Auslegen.

Methode

1 Legen Sie die Karten nach dem Mischen verdeckt und aufgefächert auf den Tisch.

2 Der Fragende wählt 21 Karten aus.

3 Legen Sie die 21 Karten von links nach rechts in sieben Positionen mit je drei Karten aufgedeckt aus.

Die sieben Positionen geben an:

1 Künftige Ereignisse zu Hause

2 Ereignisse, die den Fragenden betreffen

3 Einflüsse des Fragenden auf Freunde oder umgekehrt

4 Ob der Wunsch des Fragenden sich erfüllt

5 Was sich unerwartet ereignen könnte

6 Was sich entgegen der Erwartung vielleicht nicht ereignet

7 Was bestimmt geschehen wird

Deutung

Erscheint der Signifikator in einem Stapel, so kann der Fragende das Endergebnis durch seine Einstellung oder Entscheidung ändern.

Oft beziehen die Karten in den Positionen 1 und 2 sich auf denselben Aspekt oder auf zwei aufeinanderfolgende Ereignisse.

Die Karten in den Positionen 5 und 6 sprechen die von den vorigen Stapeln enthüllte Hauptsituation an. Die Karten in den Positionen 3 und 5 sprechen manchmal Nebensächliches an.

Befindet sich die Neun der Kelche unter den Karten in Position 4, wird der Wunsch des Fragenden erfüllt. Positive Große Arkana (Welt, Stern, Herrscherin, Sonne) kündigen etwas besonders Erfreuliches an. Das gleiche gilt für das stärkste und stabilste Kleine Arkanum, die Neun der Stäbe, in Position 4.

Die Karten in Position 7 fassen die Deutung zusammen und beantworten die Frage.

DER 42-KARTEN-SPREAD

Dieses uralte Legemuster sollen einst italienische »Hexen« bevorzugt haben. Sie wird in Europa seit dem Mittelalter angewandt. Das gründliche Mischen der Karten betont die Rolle des Schicksals. Einige Deutungsbereiche des Keltischen Kreuzes und kleinerer Spreads fehlen hier. Der Deuter hat also weniger Anhaltspunkte, und darum ist dieser Spread nur intuitiven Menschen zu empfehlen, die mit der Bedeutung der Karten völlig vertraut sind.

Methode

1 Mischen Sie die Karten, und legen Sie sie verdeckt auf den Tisch. Der Fragende wählt 42 Karten frei aus und legt die ersten sechs aufgedeckt von rechts nach links in eine Reihe. Wiederholen Sie dieses Verfahren, so daß jede Reihe über der vorigen liegt. Zum Schluß haben Sie sechs Stapel zu je sieben Karten.

2 Nehmen Sie den ersten Stapel von rechts (immer vom Deuter aus gesehen), und legen Sie die Karten diesmal aufgedeckt von links nach rechts nebeneinander. Nehmen Sie nun den zweiten Stapel von rechts, und legen Sie die Karten von rechts nach links über die erste Reihe. Wiederholen Sie das mit allen sechs Stapeln und wechseln Sie jedesmal die Richtung des Auslegens. Zum Schluß haben Sie sieben Stapel zu je sechs Karten.

3 Heben Sie von jedem Stapel die oberste Karte

ab. Mischen Sie die Karten, und legen Sie sie von rechts nach links in eine neue Reihe.

4 Heben Sie die zwei obersten Karten von jedem Stapel ab, mischen Sie sie, und legen Sie sie von rechts nach links in zwei Reihen unter die ersten sieben.

5 Mischen Sie die restlichen 21 Karten, und legen Sie sie von rechts nach links in drei Reihen unter die vorigen. Jetzt haben Sie sechs Reihen zu je sieben Karten.

Deutung

In diesem Spread symbolisiert der Papst (Hohepriester) einen Mann, die Päpstin (Hohepriesterin) eine Frau. Enthält der Spread eine oder beide dieser Karten, legen manche Deuter den Papst nach rechts und die Päpstin nach links, so daß sie die ganze Deutung beeinflussen.

Da die Großen Arkana eine Deutung verstärken, lassen andere Deuter diese beiden Karten lieber im Spread und legen statt dessen eine geeignete Hofkarte zur Seite. Wenn Sie besagte Karten entnehmen wollen, bitten Sie den Fragenden, aus den übrigen 36 Karten entsprechend weitere zu ziehen, um die Lücke oder die Lücken zu füllen.

Konzentrieren Sie sich zunächst auf die Symbolik der Karten, um Gedächtnis und Intuition zu fördern. Bedenken Sie, daß jede Karte ihre Nachbarn beeinflußt. Verbinden Sie alle Karten zu einer Geschichte. Fangen Sie oben rechts an, und machen Sie dann im Zickzack weiter (von rechts nach links, dann von links nach rechts usw.), bis Sie unten rechts angelangt sind.

DIE PYRAMIDE

Dieser Spread beantwortet eine spezifische Frage. Sie legen erst eine aufrechte, dann eine umgekehrte Pyramide. Mischen Sie die Karten wie üblich.

Methode

1 Legen Sie die ersten acht Karten von rechts nach links verdeckt in eine Reihe. Die nächsten sechs Karten legen Sie zentriert über die erste Reihe, wieder von rechts nach links. Fahren Sie fort, bis Sie eine Pyramide aus 21 Karten in fünf Reihen haben. Decken Sie die Karten 7, 14 und 21 auf – sie geben einen Überblick. Drehen Sie dann alle Karten um, und deuten Sie damit die allgemeine Situation.

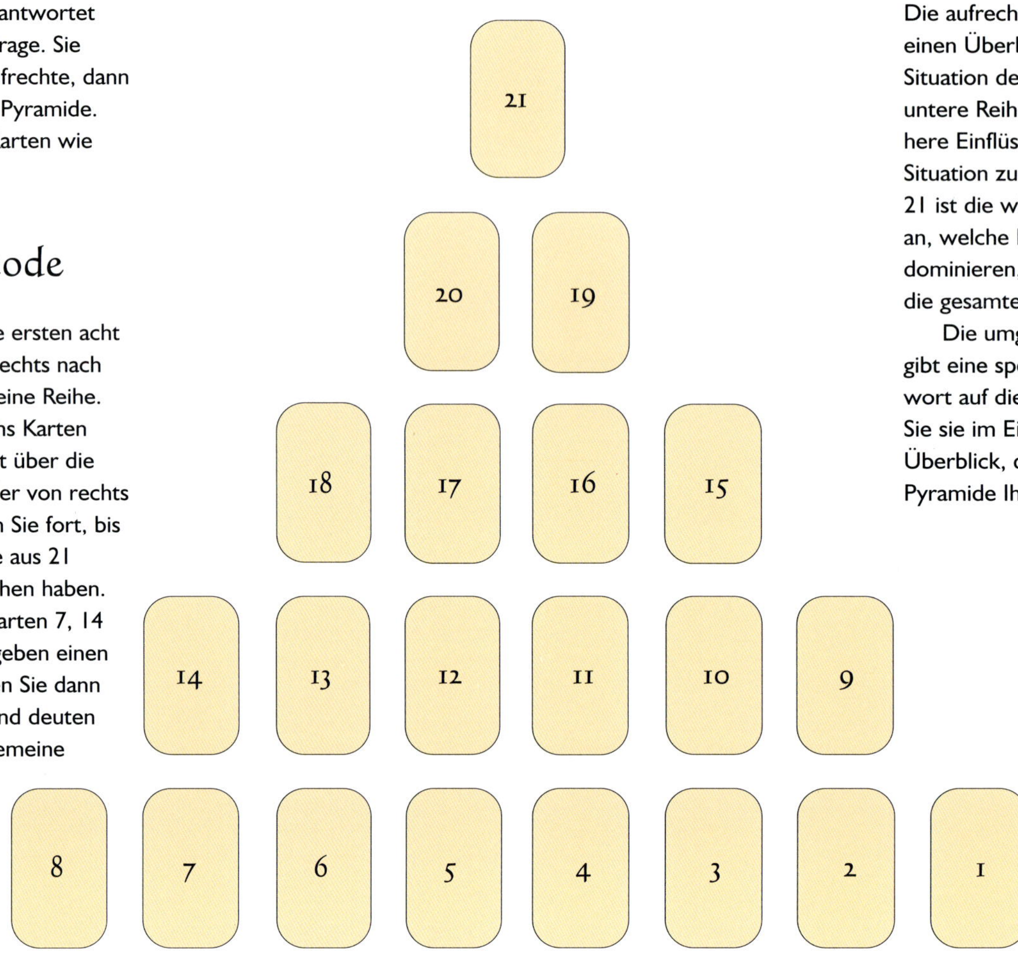

Deutung

Die aufrechte Pyramide gibt einen Überblick über die Situation des Fragenden. Die untere Reihe symbolisiert frühere Einflüsse, die mit der Situation zu tun haben. Karte 21 ist die wichtigste; sie gibt an, welche Einflüsse jetzt dominieren, und beeinflußt die gesamte Deutung.

Die umgekehrte Pyramide gibt eine spezifischere Antwort auf die Frage. Deuten Sie sie im Einklang mit dem Überblick, den die aufrechte Pyramide Ihnen verschafft hat.

2 Nehmen Sie die 21 Karten der aufrechten Pyramide, mischen Sie sie, und heben Sie ab. Legen Sie sie zurück zum gesamten Deck, mischen Sie das Deck, und heben Sie ab. Legen Sie die erste Karte aufgedeckt hin. Die zweite Karte kommt links neben die erste, die nächsten drei bilden gegen den Uhrzeigersinn die Spitze der Pyramide. Weitere zwei Karten vollenden das Fundament. Die umgekehrte Pyramide beantwortet die Frage.

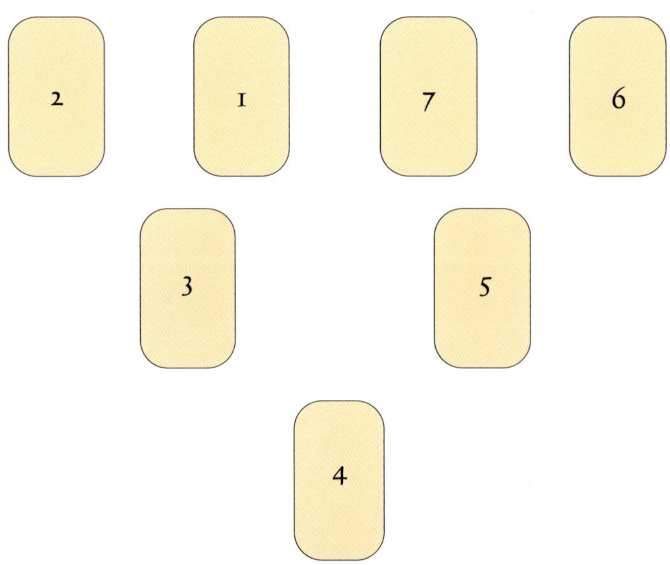

Die sieben Karten der umgekehrte Pyramide geben an:

1 Frühere Einflüsse

2 Derzeitige Einflüsse

3 Künftige Einflüsse

4 Was in dieser Situation zu tun ist

5 Die Einstellung der Mitmenschen

6 Hindernisse

7 Das Endergebnis

DER KREIS

Dieser Spread gibt einen allgemeinen Überblick über das kommende Jahr. Ausnahmsweise mischen der Deuter *und* der Fragende die Karten.

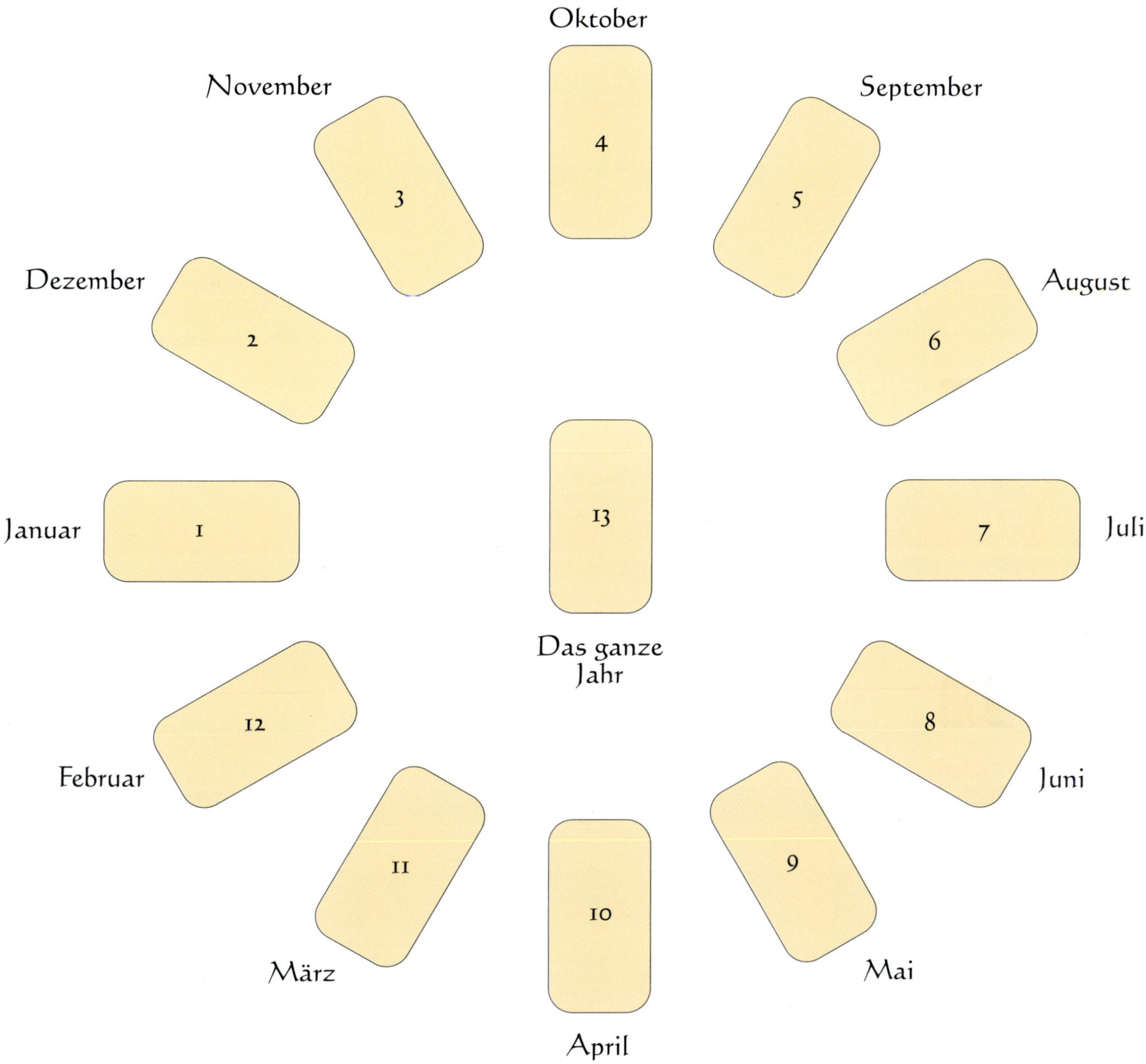

Methode

1 Zuerst mischt der Deuter die Karten, dann der Fragende. Legen Sie die erste Karte aufgedeckt auf die linke Seite (auf die 9 eines imaginären Zifferblatts).

2 Legen Sie die nächsten 11 Karten aufgedeckt im Uhrzeigersinn aus. Jede entspricht einer Ziffer des Zifferblatts.

3 Wenn der Kreis vollendet ist, legen Sie die 13. Karte in die Mitte.

Deutung

Beginnen Sie die Deutung mit Karte 13. Sie gibt einen Überblick über das kommende Jahr vom Zeitpunkt der Deutung an. Jede Karte symbolisiert einen Monat. Lesen Sie die Karten gegen den Uhrzeigersinn, und fangen Sie mit der Karte an, die dem aktuellen Monat entspricht. Alle Karten werden als aufrecht betrachtet, selbst wenn sie umgekehrt liegen. Behalten Sie bei der Deutung der einzelnen Karten immer Karte 13 im Auge.

Die

LE · JUGEMENT
The Lovers
L'ETOILE
LA · JUSTICE
L'AMOVREVX
LE · BATELEUR
L'EMPEREUR

Großen Arkana

Die Großen Arkana bestehen aus 22 Bildkarten, die von 1 bis 21 numeriert sind. Der Narr hat meist keine Nummer, manchmal bekommt er die Nummer 0. Die Karten sind reich an uralter Symbolik und dominieren die Deutung eines Spreads. Dieses Kapitel entschlüsselt die Symbole und beschreibt die am häufigsten vorgenommenen Deutungen. Abgebildet und erklärt werden Karten aus dem traditionellen Tarot de Marseille, dessen Bildern die meisten modernen Tarots nachempfunden sind. Der Thoth-Tarot wird ebenfalls gezeigt. Seine Kartenbezeichnungen weichen in einigen Fällen von denen des Tarot de Marseille ab: ein Beweis dafür, daß die Entwicklung des Tarots fortschreitet.

Der Narr

Der Narr ist eine der wichtigsten Karten des Tarots. Er symbolisiert einen Menschen, der Erfahrungen machen will. Damit kann ein neues Lebenskapitel, vielleicht auch ein Risiko verbunden sein, das Klugheit und Mut verlangt. Wenn er auf dem Kopf steht, deutet er auf Rücksichtslosigkeit und mangelnde Motivation hin.

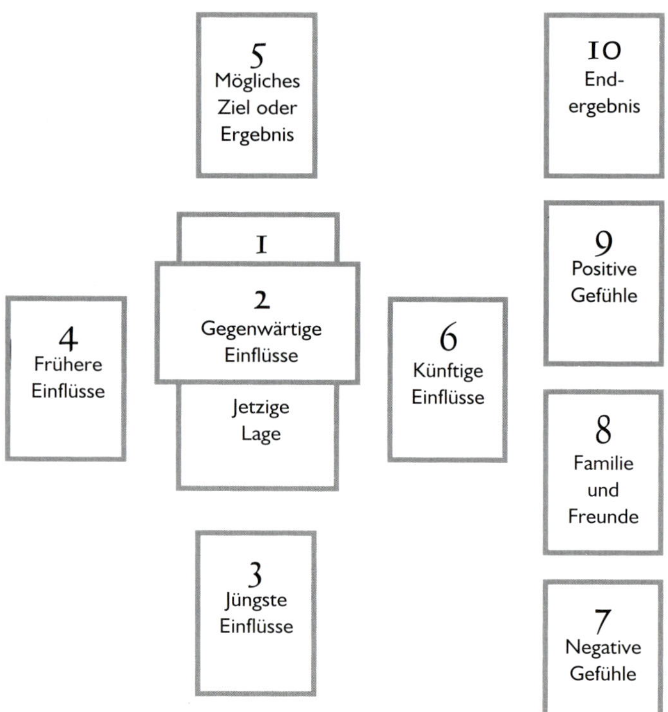

Kartenkombinationen

Diese Karte verbindet sich nur mit sehr spirituellen Karten und wird von materiellen Karten unterdrückt, z. B. vom Rad des Lebens oder vom Teufel. Wenn sie dem Eremiten folgt, wird ein Geheimnis enthüllt, geht sie ihm voraus, ist das Geheimnis sicher. Der Narr mit dem Wagen verspricht wichtige Neuigkeiten, der Narr und die Sonne, daß etwas Unerwartetes Ordnung, Trost und Glück bringt.

EMPFOHLENE DEUTUNG

1 **Aufrechter oder umgekehrter Narr**
Reines Herz und kindlicher Glaube an Wunder. Unabhängigkeit, Rebellion, Abenteuerlust, Lebenslust.

2 **Aufrechter oder umgekehrter Narr**
Ein ganz neuer Lebensabschnitt beginnt.

3 **Aufrechter Narr**
Unabhängiges Denken und Originalität sind die Grundlage des Erfolges.
Umgekehrter Narr
Extreme Verantwortungslosigkeit und Rebellion können sich zerstörerisch auswirken.

4 **Aufrechter Narr**
Eine veränderte Einstellung und revolutionäres Handeln können großartige Ergebnisse zeitigen.
Umgekehrter Narr
Rücksichtsloser Umgang mit Geld führt ins Elend.

5 **Aufrechter Narr**
Reisen Sie hoffnungsvoll, und finden Sie Ihre Erfüllung.
Umgekehrter Narr
Denken Sie an Kreuzwegen genau über Ihre künftige Richtung nach.

6 **Aufrechter Narr**
Abenteuerlust und neue Methoden bringen Erfolg.
Umgekehrter Narr
Indiskretion und Vertrauen in die falschen Leute kann alles verderben.

7 **Aufrechter Narr**
Hören Sie auf Ihre innere Stimme, nicht auf andere.
Umgekehrter Narr
Lernen Sie aus Fehlern. Springen Sie nicht ins Ungewisse.

8 **Aufrechter Narr**
Ziehen Sie Bilanz. Sind Sie auf dem richtigen Weg?
Umgekehrter Narr
Grübeln Sie nicht über Ungerechtigkeiten. Sprechen Sie offen über Probleme.

9 **Aufrechter Narr**
Wenn Sie auf die Stimme des Herzens hören, beginnt ein neues Leben.
Umgekehrter Narr
Aufregung und Reisen.

10 **Aufrechter Narr**
Die spirituelle Entwicklung schreitet voran und bringt inneren Frieden.
Umgekehrter Narr
Denken Sie über eine wichtige Entscheidung gut nach, um glücklich zu werden.

Der Narr ist der ewige Wanderer, bereit, das Geheimnis des Lebens alleine zu ergründen.

Die vereinten Kulte des Mithras (des Lichtgottes) und des Dionysos (des Weingottes) brachten Riten und Feste wie das Winterfest des rebellischen Dionysos hervor. Er symbolisiert die Suche nach spiritueller Erleuchtung und Wiedergeburt. Der Narr im bunten Gewand eines Hofnarren ist sein Nachkomme.

Seine Mütze ist manchmal gehörnt. Das ist wohl eine Anspielung auf die Hörner oder Ohren des Esels, die der rebellische Dionysos während des Winterfestes trug.

Auf den Schultern trägt er ein kleines Bündel am Ende eines Stocks. Moralisten glaubten früher, es enthalte alle Sünden und Laster der Welt.

Er geht sorglos durchs Land mit einem Stecken und einem Hund, der nach dem Beutel am Gürtel schnappt. Er muß sich entscheiden, er muß aufgeben oder annehmen, um vollkommen zu werden.

Der Aprilnarr trägt Frühlingsgrün und brennt auf neue Erfahrungen.

Der Magier

Der Magier (oder Schuhmacher) symbolisiert Bewußtheit, geschickten Umgang mit der Sprache, eine Vorliebe für neue Ideen und Risikobereitschaft. Er verspricht außerdem Führung durch okkulte Kräfte und kann, wenn er auf dem Kopf steht, Täuschung und Mißbrauch okkulter Kräfte bedeuten.

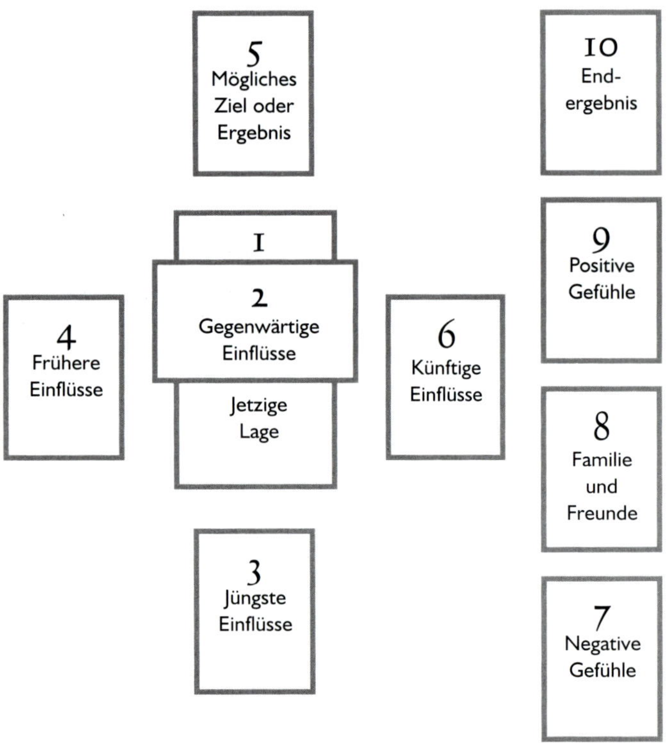

Kartenkombinationen

Wenn Magier und Tod sich in der 5. und 10. Position gegenüberstehen, verhindern sie ein Ereignis. Stehen sie nebeneinander, heben sie sich gegenseitig auf. Steht der Magier dem Teufel oder dem Rad in der 5. oder 10. Position gegenüber, verzögert sich etwas. Ein umgekehrter Magier vor der Hohepriesterin warnt vor dem Mißbrauch okkulter Kräfte.

EMPFOHLENE DEUTUNG

1 Aufrechter oder umgekehrter Magier
Beginn eines schöpferischen Projekts – aus Gedanken wird positives Tun.

2 Aufrechter oder umgekehrter Magier
Plötzlicher vorteilhafter Berufswechsel, neue Richtung im Leben, mehr Bewußtheit.

3 Aufrechter Magier
Risikobereitschaft um des Erfolges willen.
Umgekehrter Magier
Die gewählte Methode ist moralisch bedenklich.

4 Aufrechter Magier
Ein neues Projekt bringt Zufriedenheit und Glück.
Umgekehrter Magier
Die Chance zum Neubeginn wurde verpaßt, oder das Ziel ist falsch.

5 Aufrechter Magier
Etwas Neues, Aufregendes gelingt dank beherzten Handelns.
Umgekehrter Magier
Mangel an Vertrauen verzögert den Erfolg.

6 Aufrechter Magier
Etwas ändert die Zukunft, oder ein Freund hilft Ihnen tatkräftig.
Umgekehrter Magier
Beide Seiten der Medaille beachten, um Erfolg zu haben.

7 Aufrechter Magier
Positive Einstellung führt zum Erfolg.
Umgekehrter Magier
Zeitverlust aus Angst vor Risiken.

8 Aufrechter Magier
Ihr Wissen beeindruckt andere; sie billigen Ihre Pläne.
Umgekehrter Magier
Sammeln Sie alle Fakten, und handeln Sie aus den richtigen Motiven.

9 Aufrechter Magier
Helfen Sie anderen mit spirituellen Kräften.
Umgekehrter Magier
Mißbrauchen Sie übersinnliche Kräfte nicht, manipulieren Sie andere nicht.

10 Aufrechter Magier
Triumphaler Neubeginn. Schöpferischer Erfolg.
Umgekehrter Magier
Erfolg kommt später durch Bewußtheit.

Mit seiner bunten Kleidung und den symbolischen Werkzeugen ist der Magier ein Meister seines Faches.

Der Magier trägt bunte Kleider und einen breitkrempigen Hut in Form einer Acht oder einer kosmischen Schleife, die in Ägypten das ewige Leben symbolisierte.

Manchmal hat der Magier einen schlichten Gürtel, bisweilen gleicht der Gürtel einer Schlange, die sich in den Schwanz beißt. Das symbolisiert ewige Wahrheit, Wissen, Dualität, Einheit zwischen der Persönlichkeit und dem Göttlichen, Macht, Subtilität und Diplomatie – aber auch Gebrauch und Mißbrauch okkulter Kräfte, Unterdrückung anderer, Täuschung und Lügen.

In der linken Hand hält er einen kleinen Stab, vielleicht den traditionellen Heroldsstab des Wegegottes und Götterboten Hermes/Merkur.

Auf dem Tisch liegen die Werkzeuge des Magiers, darunter die Symbole der vier Serien. Der Kelch symbolisiert Emotionen und Sex, das Schwert Willenskraft und Intellekt. Die Münzen stehen für die finanziellen und materiellen Aspekte des Lebens, der Stab für Spiritualität.

Der Magier oder Magus jongliert mit Symbolen für die vier Elemente, für das geschriebene Wort, die Willenskraft und die Weisheit.

Die Päpstin

Die Päpstin (auch: Die Hohepriesterin) steht für Rätselhaftigkeit, Dualität, innere Wahrnehmung, künstlerisches und schöpferisches Talent, Wissensdurst und Streben nach Unabhängigkeit. Die umgekehrte Karte symbolisiert unentwickelte Talente, Angst vor Hingabe, Heuchelei und körperliche oder seelische Probleme.

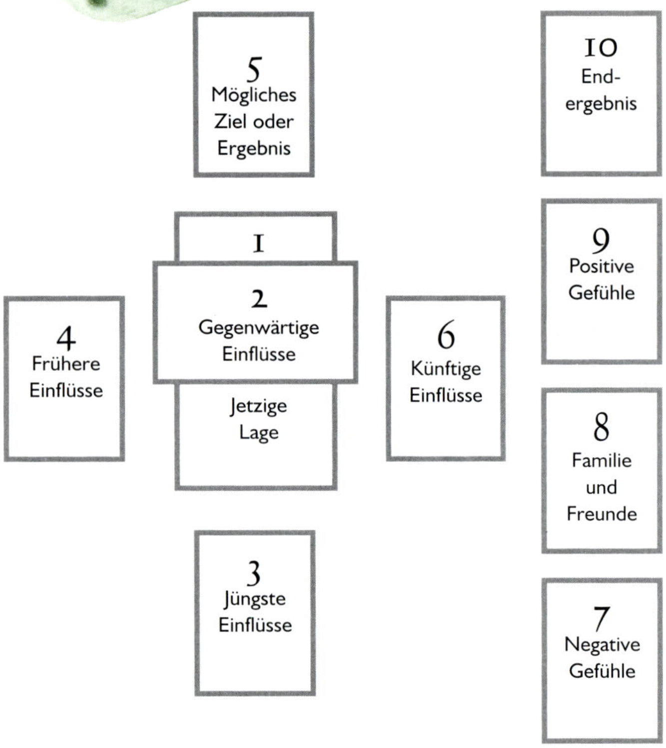

Kartenkombinationen

Die Päpstin neben dem Rad des Lebens – beide Karten aufrecht – verspricht Erfolg in einem Prozeß, der hoffnungslos aussah. Die umgekehrte Karte bedeutet Verlust der Stabilität und Aufruhr. Folgt eine aufrechte Mäßigung der umgekehrten Päpstin, sind die Aussichten düster.

EMPFOHLENE DEUTUNG

1 Aufrechte oder umgekehrte Päpstin
Unabhängig, intuitiv, aufmerksam. Eine sehr spirituelle Seele. Zu freigiebig und offen, manchmal starker schöpferischer Drang.

2 Aufrechter oder umgekehrter Päpstin
Kreativität will sich ausdrükken, oder ein spiritueller Mensch wird Sie ermutigen, künstlerische oder übersinnliche Gaben zu nutzen.

3 Aufrechte Päpstin
Eine neue Lebensphase beginnt. Wunsch nach Selbstentwicklung, vielleicht okkulte Erfahrung.
Umgekehrte Päpstin
Sie müssen lernen, immer Sie selbst zu sein und Ihren Fähigkeiten zu vertrauen.

4 Aufrechte Päpstin
Sie helfen den falschen, darum fehlt Unterstützung.
Umgekehrte Päpstin
Oberflächlichkeit; Eifersucht und Feindseligkeit.

5 Aufrechte Päpstin
Sie nutzen Talente, um andere zu ermutigen.
Umgekehrte Päpstin
Vertrauen Sie Ihrem Urteil.

6 Aufrechte Päpstin
Motivation und Selbstdisziplin lohnen sich.
Umgekehrte Päpstin
Seien Sie dankbar; erlauben Sie anderen, Gefühle zu zeigen.

7 Aufrechte Päpstin
Folgen Sie Ihren Gefühlen und Ihrer Intuition.
Umgekehrte Päpstin
Behalten Sie Ihre Absichten und vertraulichen Mitteilungen für sich. Andere sind nicht so vertrauenswürdig wie Sie.

8 Aufrechte Päpstin
Angst vor Hingabe kann Glück verzögern.
Umgekehrte Päpstin
Individualität kann Beziehungen belasten.

9 Aufrechte Päpstin
Hingabe und Erfolg als Künstler.
Umgekehrte Päpstin
Eine Beziehung kann an mangelnder Unterstützung zerbrechen.

10 Aufrechte Päpstin
Erfolg und anhaltende Zufriedenheit.
Umgekehrte Päpstin
Sie sehen noch nicht das ganze Bild; warten Sie ab. Sie werden Erfolg haben.

Die Päpstin mit Mitra und Buch strahlt Autorität und Verständnis aus.

Die Päpstin verdankt ihren Titel einer Legende aus dem 13. Jahrhundert. Sie berichtet von einer Päpstin namens Johanna, geboren in Deutschland als Tochter englischer Eltern, die 855 unter dem Namen Johannes VIII. zum Papst gewählt worden sei. Manche sehen in ihr Juno, und der Baldachin könnte den Hörnerkopfschmuck der Isis widerspiegeln, das Symbol der Mondsichel.

Die Päpstin wurde früh mit der dualistischen Juno identifiziert, der Himmelsgöttin, Patronin der Frauen und Totengöttin. Juno galt ihrerseits als Verkörperung der ägyptischen Göttin Isis und der Mondgöttin Diana. Bis zum Mittelalter wurde die Päpstin als Hohepriesterin dargestellt.

Das Buch im Schoß ist ein Symbol der esoterischen Weisheit und des Gesetzes, des spirituellen Wissens und der hellseherischen Fähigkeiten. Manchmal hält sie eine Schriftrolle in der Hand, vermutlich die Thora, das göttliche Gesetzbuch.

Die Hohepriesterin trägt einen Schleier aus Licht. Sie besitzt esoterisches Wissen.

Die Herrscherin

Die Herrscherin (auch: Die Kaiserin) ist eine Karte der Fülle, der natürlichen, seelischen und materiellen Schätze. Sie steht oft für Erneuerung und Fürsorge, Geburt und Genesung. Sie kann auch Reichtum und Familienleben bedeuten oder, auf dem Kopf stehend, Zerstörung und Verschwendung.

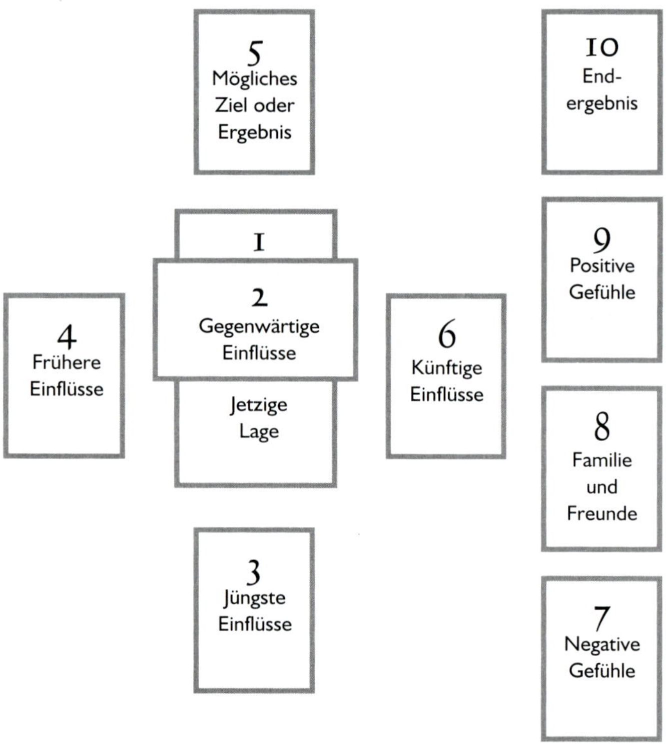

Kartenkombinationen

Wenn diese Karte dem Magier vorausgeht, bringt Diplomatie Erfolg. Wenn sie vor dem Triumphwagen liegt, dürfen Sie einen großen materiellen Sieg feiern, der sich aber verzögert, wenn die Karte auf dem Kopf steht. Folgt eine starke Karte – z. B. Teufel, Turm oder Tod – der umgekehrten Herrscherin, heben sich beide gegenseitig auf.

EMPFOHLENE DEUTUNG

1 Aufrechte oder umgekehrte Herrscherin
Ein hart arbeitender Mensch mit Beschützerinstinkt. Vater- oder Mutterfigur. Eher intuitiv als logisch; emotional, liebt Bequemlichkeit, zieht Reichtum an.

2 Aufrechte oder umgekehrte Herrscherin
Ein Neubeginn verlangt Geduld und Geschick.

3 Aufrechte Herrscherin
Eine Partnerschaft, ein Geschäft oder ein künstlerisches Vorhaben hat Erfolg.
Umgekehrte Herrscherin
Denken Sie praktisch, und übernehmen Sie Verantwortung, sonst scheitern Sie.

4 Aufrechte Herrscherin
Sie brauchen wie früher Ausdauer, Entschlossenheit und Sparsamkeit, um Erfolg zu haben.
Umgekehrte Herrscherin
Extravaganz trübt die Aussichten.

5 Aufrechte Herrscherin
Was Sie gesät haben, bringt reiche Ernte.
Umgekehrte Herrscherin
Die Verantwortung gegenüber sich und der Familie kann die Einstellung zu anderen trüben.

6 Aufrechte Herrscherin
Wirtschaftlicher Erfolg, seelische oder körperliche Heilung, Versöhnung.
Umgekehrte Herrscherin
Träumereien können Pläne vereiteln.

7 Aufrechte Herrscherin
Ihre starke Intuition hilft, Verbindung zur Spiritualität aufzunehmen.
Umgekehrte Herrscherin
Seien Sie vorsichtig. Wichtig ist, was Sie brauchen, nicht was Sie wollen.

8 Aufrechte Herrscherin
Ein Freund oder Partner braucht Ermutigung.
Umgekehrte Herrscherin
Sie hindern andere daran, sich zu entwickeln. Die Folge sind seelische Störungen.

9 Aufrechte Herrscherin
Anerkennung, finanzielle Expansion, Belohnung.
Umgekehrte Herrscherin
Sie brauchen eine gute Beratung, um nicht zu scheitern.

10 Aufrechte Herrscherin
Der Gewinn ist viel größer als erwartet.
Umgekehrte Herrscherin
Der Gewinn verzögert sich.

Die Herrscherin ist lieblich und besitzt alle Insignien der materiellen Macht und des Wohlstandes.

Der Schild zeigt einen goldenen Adler, ein Symbol des Mutes und der Macht, das die Römer auf Fahnen und Zeptern trugen. Die Kreuzritter übernahmen den goldenen Adler, und in der Mythologie stellt er die Sonne dar. Er ist das königliche oder kaiserliche Zeichen vieler Völker und symbolisiert in der Religion die Predigt.

Die Herrscherin hat ein goldenes Zepter, seit alters das Symbol kaiserlicher Macht. Es hat sich aus dem Stab entwickelt, und in der griechischen Sage hat das Zepter der Götter wundersame Fähigkeiten. Die Kugel ist ein Reichsapfel, das Kreuz am Ende symbolisiert die Herrschaft der spirituellen Macht über die weltliche.

Die Krone ist ein Symbol der materiellen Macht. Die Locken darunter weisen auf Sinnlichkeit, Fruchtbarkeit und Fülle hin. Manche setzen die Herrscherin mit der Erdenmutter gleich.

Die Kaiserin hat eine offene Lotusblüte in der Hand, ein Symbol weiblicher und natürlicher Fülle.

Der Herrscher

Der Herrscher (auch: Der Kaiser) ist eine Karte der Führung, oft auf hoher Ebene. Sie symbolisiert weltliche Autorität, Selbstdisziplin und Gesetz. Sie steht für Leidenschaft, aber der Intellekt ist stärker als die Intuition. Die umgekehrte Karte verrät Egoismus, den Wunsch zu herrschen, Unreife und übereifriges Streben.

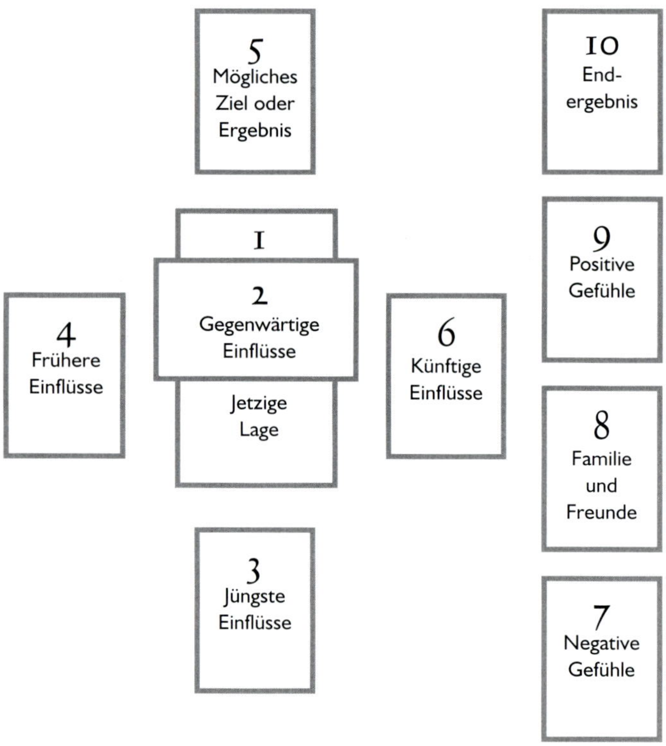

Kartenkombinationen

Wenn der Herrscher der Welt vorausgeht und aufrecht steht, bedeutet er Kampfpause, Waffenstillstand oder zeitweiligen Frieden. Wenn die Karte auf dem Kopf steht, droht ein Konflikt oder Verlust der Macht oder des Status. Ist der Herrscher von Münzen umgeben, verheißt er eine Position mit Autorität und Wohlstand, aber mit schweren Pflichten oder drückender Verantwortung.

EMPFOHLENE DEUTUNG

1 Aufrechter oder umgekehrter Herrscher
Ein väterlicher Führer mit Würde und Autorität.

2 Aufrechter oder umgekehrter Herrscher
Rat oder Hilfe von der Regierung, von einer Behörde oder von einer älteren Person mit Autorität.

3 Aufrechter Herrscher
Sie verwirklichen Ideen mit Hilfe eines mächtigen Mannes oder der Regierung.
Umgekehrter Herrscher
Beenden Sie erst ein Projekt, ehe Sie mit dem nächsten beginnen.

4 Aufrechter Herrscher
Einflußreiche Leute helfen Ihnen. Manchmal ist die Regierung gemeint.
Umgekehrter Herrscher
Zu starke Selbstbeherrschung. Unnötige Einmischung vereitelt Initiative.

5 Aufrechter Herrscher
Erfolg. Ein neues Geschäft mit offizieller Hilfe.
Umgekehrter Herrscher
Disziplin bewahrt das Gleichgewicht und bringt Erfolg.

6 Aufrechter Herrscher
Werden Sie initiativ, übernehmen Sie Verantwortung.
Umgekehrter Herrscher
Machtgier ist gefährlich.

7 Aufrechter Herrscher
Bleiben Sie unternehmungslustig, mutig, gütig.
Umgekehrter Herrscher
Dogmatismus hemmt die innere Entwicklung.

8 Aufrechter Herrscher
Wer sich zu sehr auf die Starken verläßt, wird zur Bürde.
Umgekehrter Herrscher
Unnatürliche Einschränkungen hemmen die Entwicklung.

9 Aufrechter Herrscher
Ein geborener Organisator und Erfolgsmensch.
Umgekehrter Herrscher
Ein Führer muß erst Selbstdisziplin lernen.

10 Aufrechter Herrscher
Ein hohes Amt, erfolgreiche Führung oder eine große geschäftliche Chance.
Umgekehrter Herrscher
Behörden oder harscher Wettbewerb verzögern das Ergebnis.

Der Herrscher ist das Gegenstück zur Herrscherin. Er symbolisiert Gewalt und Herrschaft.

Der Bart ist ein altes Symbol für Weisheit und Ausdauer, die Qualitäten eines Führers. Die Krone erinnert an einen Helm und an den Kriegsgott Mars.

Der Herrscher ist von der Seite dargestellt, nur halb auf dem Thron sitzend. Er ist hellwach und bereit zur Tat, trotz seiner entspannten Haltung (die Beine formen ein Kreuz). Ein Fuß steht fest auf dem Boden. In der Ferne sehen wir Berge, Symbole der irdischen Herrschaft und der unnachgiebigen Macht.

Neben dem Thron steht ein eher imposanter Schild – er dient nicht dem Schutz. Der Adler mit gespreizten Flügeln steht wie ein Herrscher mit beiden Füßen auf dem Land.

Der Herrscher hält das senkrechte Zepter zum Zeichen der Macht über die äußere Welt. Das Kreuzsymbol ist älter als das Christentum. Es spielt vielleicht auf das *crux ansata* an, das ägyptische Sinnbild des ewigen Lebens.

Die Säulen des Thrones haben Widderköpfe, Symbole der Herrschaft.

Der Papst

Diese Karte (auch: Hoherpriester oder Hierophant) steht für das Festhalten an der traditionellen Religion und den Wunsch, Ansehen zu gewinnen. Sie kann auf vielfältige wissenschaftliche, philosophische, künstlerische oder religiöse Neigungen hindeuten. Eine umgekehrte Karte symbolisiert unausgelebte Ambitionen, Hippie-Tendenzen oder Innovation.

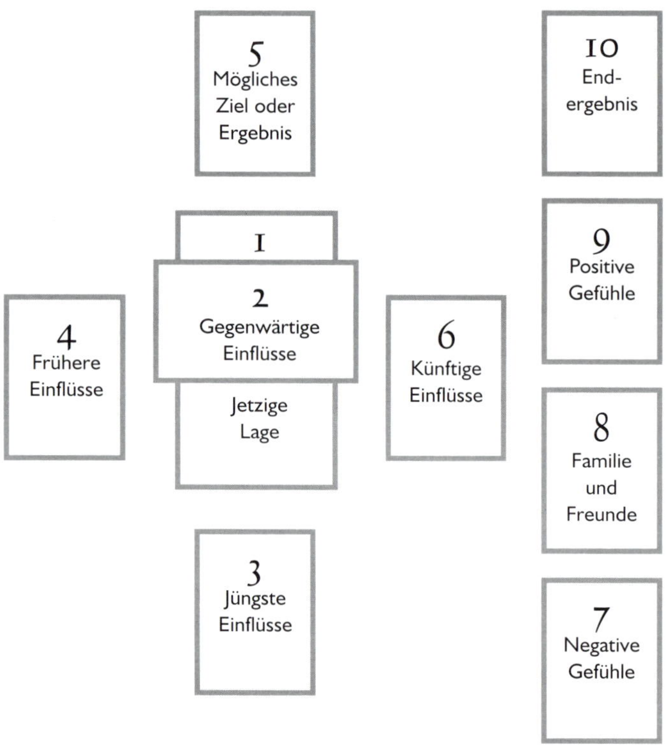

EMPFOHLENE DEUTUNG

1 Aufrechter oder umgekehrter Papst
Suche nach dem Sinn des Lebens. Neigung zu Philosophie und Religion. Eignung als Lehrer und Berater.

2 Aufrechter oder umgekehrter Papst
Neue Chance in Beruf oder Studium.

3 Aufrechter Papst
Hinausgeschobene Ambitionen oder späte Berufung.
Umgekehrter Papst
Es gibt viele Wege, Traurigkeit zu überwinden.

4 Aufrechter Papst
Erfahrung ist der beste Lehrer.
Umgekehrter Papst
Suchen Sie nach neuen Wegen des Denkens oder Arbeitens.

5 Aufrechter Papst
Eine berufliche Chance oder eine Bewußtseinserweiterung, die spirituelle Arroganz beseitigt.
Umgekehrter Papst
Das Herz regiert und bringt anderen Glück durch selbstlose Hilfe.

6 Aufrechter Papst
Nur sorgfältige Planung führt zum Erfolg.
Umgekehrter Papst
Äußerlichkeiten werden manchmal zu wichtig genommen.

7 Aufrechter Papst
Lassen Sie sich nicht von anderen beeinflussen. Vertrauen Sie sich selbst.
Umgekehrter Papst
Ein Nonkonformist, offen für neue Ideen.

8 Aufrechter Papst
Jeder kann sich irren – nicht nur die anderen.
Umgekehrter Papst
Streben Sie nicht zu sehr nach Innovation und Wandel.

9 Aufrechter Papst
Selbsterfüllung, Erfolg, eine Position, die der Gemeinschaft nützt.
Umgekehrter Papst
Verdrehen Sie keine Tatsachen.

10 Aufrechter Papst
Erfolg durch egoistisches Tun bringt Beifall, aber geringen Lohn.
Umgekehrter Papst
Nur Festhalten an Überzeugungen bringt Erfolg.

Kartenkombinationen

Wenn Herrscher und Papst sich begegnen, kämpfen materialistische und spirituelle Wünsche miteinander. Der Ausgang hängt davon ab, welche Karte zuerst kommt. Wenn beide auf dem Kopf stehen und der Papst der erste ist, geht Reichtum durch Stolz verloren und ein Projekt kann scheitern. Im umgekehrten Fall verlieren Sie Geld und Macht durch Mangel an Bildung.

Der Papst ist ein spiritueller und religiöser Vater, der seine Gemeinde segnet und inspiriert.

Obwohl der Papst als solcher durch die Papstkrone charakterisiert wird, war er ursprünglich Hoherpriester eines Mysterienkultes. Er sitzt zwischen zwei Säulen, die Gnade und Strenge symbolisieren – vielleicht eine Anspielung auf Jupiter, den gnädigen Vater, der die Welt regiert.

Er hebt segnend die rechte Hand. Während die Päpstin oder Hohepriesterin für esoterisches Wissen steht, symbolisiert der Papst oder Hohepriester die orthodoxe Lehre nebst ihren Riten sowie spirituelle Herrschaft. Dennoch wird er manchmal mit gekreuzten Schlüsseln abgebildet, Symbolen des Papsttums und der esoterischen Lehren.

Priester mit Tonsur knien vor ihm, damit er sie segne. Sie anerkennen seine Autorität und Weisheit. Er kann andere inspirieren.

Das dreifache Kreuz ist ein Symbol des Papsttums. Auf dem Handschuh sehen wir das Malteserkreuz, das Zeichen der Ritter im mittelalterlichen Malta, die eine religiöse Gemeinschaft gründeten und kranke Teilnehmer an den Kreuzzügen versorgten.

Der Hohepriester sitzt auf einem Stier, der Kraft und Ausgewogenheit symbolisiert. Das Kind an seinem Herzen steht für Güte.

Der Liebende

Diese Karte (auch: Die Liebenden) thematisiert Versuchung und Wahl. Sie weist auf eine intuitive Entscheidung hin, auf eine Wahl zwischen idealistischer Liebe und körperlicher Anziehung oder Karriere und bedeutet auch Harmonie und Freundschaft. Die umgekehrte Karte steht für Wankelmut, Untreue, Streit und Einmischung.

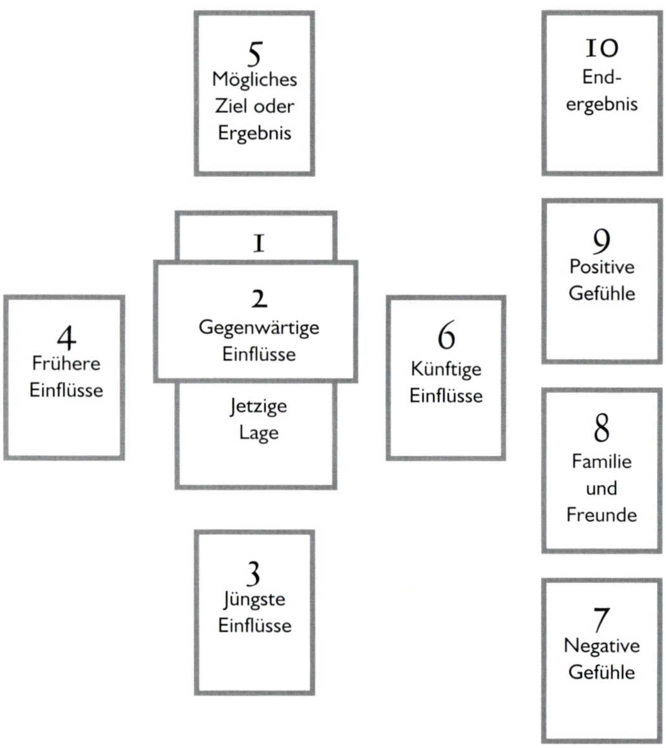

Kartenkombinationen

Wenn der Liebende dem Triumphwagen vorausgeht, droht Verrat. Kommt der Triumphwagen zuerst, geht ein Projekt oder eine Romanze zu Ende. Der Liebende vor dem Magier bedeutet Unentschlossenheit oder, wenn er auf dem Kopf steht, Trennung wegen Unentschlossenheit. Wenn dem Liebenden Schwerter folgen, endet eine Beziehung.

EMPFOHLENE DEUTUNG

1 Aufrechter oder umgekehrter Liebender
Sie zögern, weil Sie andere nicht verletzen wollen.

2 Aufrechter oder umgekehrter Liebender
Sie müssen eine wichtige Entscheidung an Ihren Wertvorstellungen messen.

3 Aufrechter Liebender
Beziehungen fördern Selbsterkenntnis und Selbstbeherrschung.
Umgekehrter Liebender
Die Meinung eines anderen Menschen ist zu respektieren.

4 Aufrechter Liebender
Mit der Zeit bestehen Sie eine emotionale Versuchung.
Umgekehrter Liebender
Abhängigkeit führt oft zu falschen Entscheidungen.

5 Aufrechter Liebender
Wahre Liebe oder Freundschaft gründet auf Gleichheit.
Umgekehrter Liebender
Lassen Sie sich nicht vom Körperlichen beherrschen.

6 Aufrechter Liebender
Gegensätze sind zwei Seiten einer Münze; einer kann nicht ohne den anderen existieren.
Umgekehrter Liebender
Sie werden mit Ungewißheit in einer Beziehung nicht fertig.

7 Aufrechter Liebender
Wenn Sie intuitiv entscheiden, gewinnen Sie.
Umgekehrter Liebender
Seien sie ehrlich zu sich selbst, sonst droht ein Dreiecksverhältnis in der Liebe.

8 Aufrechter Liebender
Wahl zwischen Liebe und Karriere oder Häuslichkeit und Kreativität.
Umgekehrter Liebender
Eine Beziehung ist gefährdet.

9 Aufrechter Liebender
Plötzliche Einsicht löst das Problem.
Umgekehrter Liebender
Sie brauchen enge Beziehungen.

10 Aufrechter Liebender
Sie haben gelernt, sich und andere zu respektieren.
Umgekehrter Liebender
Wählen Sie das, was Sie wirklich wollen.

Amors Opfer symbolisieren das ewige Dilemma, vor allem in Angelegenheiten des Herzens.

Ein junger Mann muß sich zwischen zwei Frauen von unterschiedlichem Alter und Aussehen entscheiden. Das ist eine Anspielung auf das Urteil des Paris, der zwischen drei Göttinnen zu wählen hatte. Die beiden Frauen könnten aber auch Laster und Tugend personifizieren. Auf den ältesten Karten gibt Paris der Göttin seiner Wahl den Apfel der Zwietracht. Die anderen zwei vergaben ihm nicht, und als er seine Frau wegen Helena verließ, sorgten sie aus Rache für den Fall Trojas.

Der Pfeil Amors dringt wie die Liebe durchs Auge ins Herz. Die Sage erzählt, Amor habe Paris während seines Urteils geblendet. Er besitzt einen goldenen Pfeil für tugendhafte Liebe und einen bleiernen für sinnliche Leidenschaft.

Amor oder Eros, der Gott der Liebe, ist ein geflügelter Knabe, der das Dilemma des Jünglings (das der Gott wohl selbst ausgelöst hat) lustig findet. Auf anderen Karten ist er ein Engel und hilft einem Mädchen, das ein verliebter Mann bedrängt.

Die Liebenden sind Gegensätze. Er hält einen Stab (Arbeit), sie hält einen Kelch (Gefühl); dies symbolisiert Entscheidung und Dilemma.

Der Triumphwagen

Diese Karte (auch: Der Wagen) steht für Kampf und Triumph. Sie verspricht Ansehen und Wohlstand durch Beharrlichkeit und Mühe, aber auch unerwartete Nachrichten und eine Luxusreise. Die umgekehrte Karte mahnt, körperliche Leidenschaft, Eitelkeit und Härte zu zügeln und verkündet das Scheitern eines Plans.

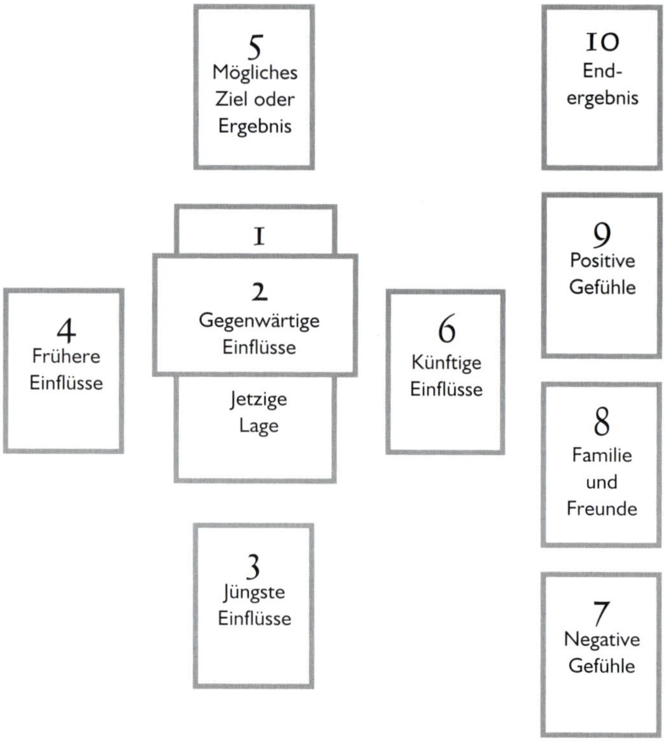

Kartenkombinationen

Folgt der Mond dieser Karte, wird ein Geheimnis enthüllt. Folgt der Triumphwagen dem Mond, droht ein Skandal oder eine Krankheit, jedoch abgemildert, wenn der Mond auf dem Kopf steht. Geht der Triumphwagen dem Turm voraus, führt beharrlicher Einsatz zum Erfolg; wenn er vor dem Papst kommt, ist der Erfolg schöpferischer Art. Der Triumphwagen vor der Welt erfüllt ehrgeizige Wünsche.

EMPFOHLENE DEUTUNG

I Aufrechter oder umgekehrter Triumphwagen
Ein triumphaler Neubeginn. Aber Sie müssen lernen, Emotionen zu zügeln.

2 Aufrechter oder umgekehrter Triumphwagen
Gute Nachrichten und Wandel zum Besseren.

3 Aufrecht
Schützen Sie Ihre Interessen und Gefühle. Das stärkt den Charakter und bringt den Sieg.
Umgekehrt
Rivalität enthüllt Aggressionen und hilft, Gefühle im Zaum zu halten.

4 Aufrecht
Unerwarteter und aufregender Neubeginn.
Umgekehrt
Nutzen Sie Ihre Energie gut, und planen Sie klug, sonst droht Mißerfolg.

5 Aufrecht
Großer künstlerischer oder beruflicher Erfolg.
Umgekehrt
Innenschau und Meditation schärfen den Blick und bringen Erfolg.

6 Aufrecht
Beharrlichkeit bringt Fortschritte und Erfolg.
Umgekehrt
Spiritualität geht verloren, weil Sie das Körperliche zu sehr betonen.

7 Aufrecht
Frieden nach einem Streit, Genesung.
Umgekehrt
Verschwendung und Völlerei führen zum Ruin.

8 Aufrecht
Widerstand überwunden, Feinde besiegt.
Umgekehrt
Schlechte Nachrichten lösen eine Krise aus.

9 Aufrecht
Reichtum und Ansehen kommen mit der Zeit.
Umgekehrt
Arroganz und Aggressivität können Partner oder Freunde vertreiben.

IO Aufrecht
Anerkennung oder eine schnelle Luxusreise.
Umgekehrt
Das Streben nach Erfolg darf anderen nicht schaden.

Eine königliche Gestalt fährt nach einem schwer erkämpften Sieg in einem Wagen mit Baldachin.

Die zwei Pferde symbolisieren Emotionen, die wir zügeln müssen. Auf manchen Karten sind es Löwen – eine Anspielung auf einen Talisman mit dem Bild eines überdachten Wagens, den man in der Antike trug und der Ehre und Mut im Kampf bringen sollte. Bisweilen sehen wir anstelle der Pferde eine schwarze und eine weiße Sphinx.

Diese Karte spielt auf Ares/ Mars, den Sohn des Zeus/ Jupiter an. Da sie göttliche Vernichtung symbolisiert, steht sie in Opposition zum Papst, der göttliche Stabilität verspricht. Im Mittelalter wurde Mars oft in einem Wagen dargestellt, den geflügelte Pferde zogen. Er schwang eine Peitsche oder ein Schwert – hier durch ein Zepter ersetzt – zum Zeichen des Triumphs. Die vier Pfeiler des Baldachins symbolisieren die vier Elemente Feuer, Luft, Erde und Wasser.

Mars' Rolle als Kriegsgott wird durch die militärisch anmutenden Epauletten betont: es sind zwei Gesichter, die Herrschaft über gegensätzliche Kräfte – Gefühl und Verstand oder Geist und Fleisch – symbolisieren.

Vier Sphinxe ziehen den Wagen. Er trägt eine triumphierende Gestalt mit schwerer Rüstung.

Die Gerechtigkeit

Diese Karte (auch: Die Ausgleichung) symbolisiert Fairneß, Ehrlichkeit, Verantwortungsbereitschaft und Ausgewogenheit. Sie verheißt ein gerechtes Ergebnis, vor allem in rechtlichen Angelegenheiten. Die umgekehrte Karte bedeutet Unentschlossenheit, eine schwierige Anpassung, ein zu hartes Urteil und Frömmelei.

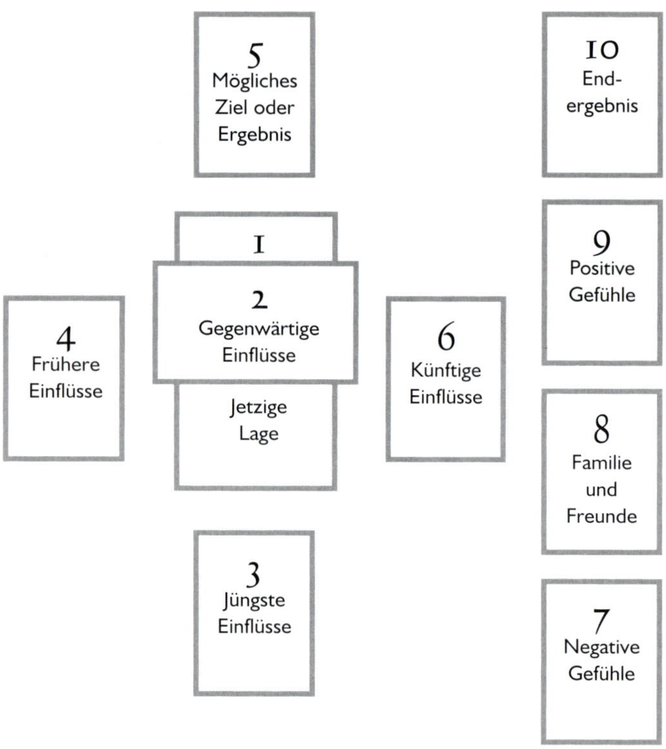

Kartenkombinationen

Wenn diese Karte der Päpstin vorausgeht, werden Geheimnisse, die mit dem Gesetz zu tun haben, enthüllt. Geht die Päpstin voraus, kommt die Wahrheit nur durch einen Rechtsstreit ans Licht. Wenn beide auf dem Kopf stehen, geht etwas schief, was mit Gesetz oder Gerechtigkeit zu tun hat. Liegt diese Karte vor dem Gehängten, ist Toleranz besser als ein hartes Urteil.

EMPFOHLENE DEUTUNG

1 **Aufrechte oder umgekehrte Gerechtigkeit**
Wägen Sie vor einer Entscheidung sorgfältig ab. Kämpfen Sie für das Recht.

2 **Aufrecht**
Ein Schiedsrichter oder ein Berater in einer juristischen oder pädagogischen Sache.

3 **Aufrecht**
Ausgewogene Gefühle führen zu harmonischer Partnerschaft.
Umgekehrt
Ein früherer Rechtsstreit beeinflußt die Gegenwart. Akzeptieren Sie die Folgen Ihres Tuns.

4 **Aufrecht**
Chaos im Leben wird geordnet. Ausgewogenheit trägt zu einer harmonischen Umwelt bei.
Umgekehrt
Enttäuschung und Groll wegen ungenügender Anpassung.

5 **Aufrecht**
Juristischer Sieg oder gerechter Ausgang.
Umgekehrt
Verzögerung wegen eines Rechtsstreits.

6 **Aufrecht**
Die moralische Einstellung setzt sich durch. Sie sind integer und ausgewogen.
Umgekehrt
Nur eine gute Ausbildung führt zum Erfolg.

7 **Aufrecht**
Schauen Sie unter die Oberfläche. Urteilen Sie nicht allein nach dem Äußeren.
Umgekehrt
Beurteilen Sie andere nicht zu streng, wenn Sie nicht alle Fakten kennen.

8 **Aufrecht**
Eine Schuld wird zurückgezahlt.
Umgekehrt
Versuchen Sie, altes Unrecht zu vergessen – es ist nicht zu ändern.

9 **Aufrecht**
Die Gerechtigkeit siegt.
Umgekehrt
Wägen Sie sorgfältig und unparteiisch ab.

10 **Aufrecht**
Sieg und Gerechtigkeit. Ein mächtiger, gebildeter Mensch hilft.
Umgekehrt
Sie siegen, weil Sie Gnade walten ließen.

Die würdevolle, majestätische Gerechtigkeit hält das unüberwindliche Schwert und die Waage des Urteils.

Gerechtigkeit war eine der vier Kardinaltugenden der Stoiker. Sie wurde immer als Frau dargestellt. Diese Gestalt könnte aber auch Athene/Minerva sein, die Göttin der Weisheit. Die zwei Pfeiler hinter ihr symbolisieren Gut und Böse und das Gesetz.

Das zweischneidige Schwert verdammt mit der einen und begnadigt mit der anderen Seite. Es symbolisiert auch die zwei Seiten eines Streits und die Zweideutigkeit des delphischen Orakels. Außerdem erinnert es an Minerva, die voll bewaffnet aus dem Kopf Jupiters sprang und mit Rüstung dargestellt wird.

Die Waage wägt das Gute gegen das Böse ab. Doch viel Böses wiegt niemals schwerer als ein wenig Gutes.

Die Dualität der Gerechtigkeit zeigt sich in ihren Symbolen, die immer paarweise erscheinen, etwa als Doppelkrone, deren Teile sich deutlich unterscheiden. Auf manchen Karten trägt die Gerechtigkeit einen kunstvollen, hohen, doppelten Kopfschmuck.

Die Ausgleichung sorgt für ein Gleichgewicht der Gegensätze.

Der Einsiedler

Diese Karte (auch: Der Eremit) schwächt die Bedeutung benachbarter Karten. Sie symbolisiert Erleuchtung, eine lehrreiche Reise und die Notwendigkeit, neue Wege zu gehen. Wenn sie auf dem Kopf steht, weist sie auf Engstirnigkeit, Perfektionismus, übertriebene Vorsicht und Angst vor dem Erwachsenwerden hin.

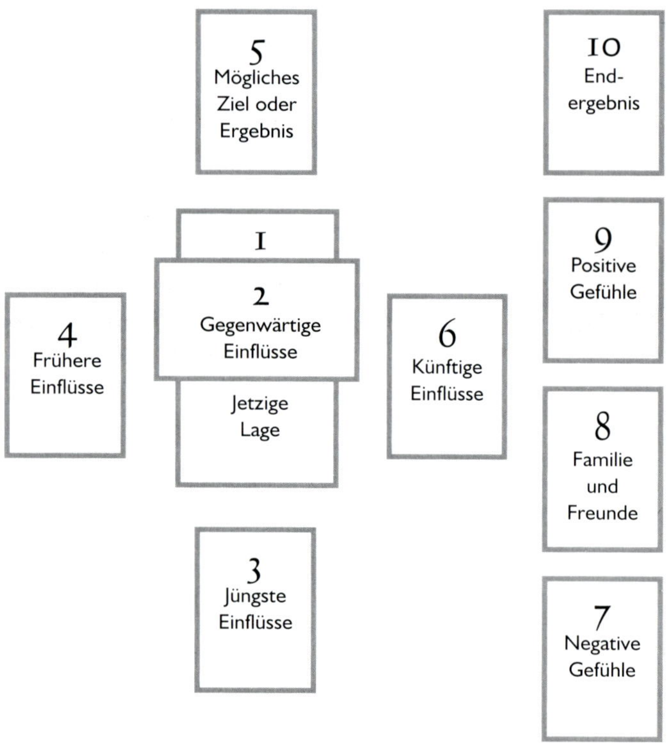

Kartenkombinationen

Wenn dieser Karte die Päpstin folgt, wird ein Geheimnis nie enthüllt. Kommt die Päpstin zuerst, wird das Geheimnis aufgedeckt. Wenn der Teufel dem Einsiedler vorausgeht, ist er mächtiger; wenn der Einsiedler zuerst kommt, triumphiert das Gute über Hinterhältigkeit und mächtige Feinde.

EMPFOHLENE DEUTUNG

1 Aufrecht oder umgekehrt
Lassen Sie sich auf Ihrem Weg vom inneren Licht leiten.

2 Aufrecht oder umgekehrt
Kluger Rat und Unterstützung.

3 Aufrecht
Sie müssen eine Verzögerung akzeptieren.
Umgekehrt
Schließen Sie sich nicht aus Angst vor dem Unbekannten vor der Welt ab.

4 Aufrecht
Finden Sie die Richtung und feste Ziele.
Umgekehrt
Seien Sie nicht zu stolz – bitten Sie um Hilfe.

5 Aufrecht
Genügsamkeit und innerer Einklang machen glücklich.
Umgekehrt
Eine Reise kann großen Gewinn bringen.

6 Aufrecht
Eine plötzliche Einsicht zeigt den richtigen Weg.
Umgekehrt
Verschlossenheit hemmt das innere Wachstum.

7 Aufrecht
Sie verlassen ausgetretene Pfade und finden den Weg aus der Dunkelheit.
Umgekehrt
Eine neue Einstellung bedeutet ein neues Leben.

8 Aufrecht
Selbsterkenntnis hilft, andere zu verstehen.
Umgekehrt
Seien Sie nicht wie Peter Pan. Setzen Sie sich mit Problemen auseinander, und sehen Sie Fehler ein.

9 Aufrecht
Hören Sie nicht auf andere. Ihr inneres Licht zeigt den Weg.
Umgekehrt
Sie verlieren Freunde, weil Sie ein Perfektionist sind.

10 Aufrecht
Das Leben hat Sie geprüft, und Sie haben bestanden.
Umgekehrt
Ohne sorgfältige Planung kein Erfolg. Ein kluger, spiritueller Mensch beeinflußt Ihr künftiges Leben.

Gestützt auf seinen Stock und geführt von seiner Lampe, wandert der alte Einsiedler weiter.

Die Lampe ist ein Symbol des inneren Lichts, das dem Reisenden den rechten Weg zeigt. Sie ist das Licht des göttlichen Geistes, das den Wanderer zu Weisheit und Wahrheit führt. Die Lampe könnte auch auf Saturn, den Planeten der Düsterkeit, anspielen; aber moderne Astrologen sehen in Saturn den archetypischen Lehrer mit einem weichen Herzen unter einer rauhen Schale.

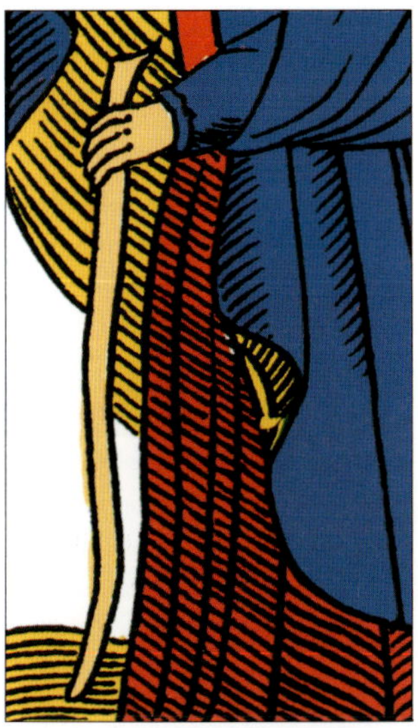

Der Stab ist die Stütze des Einsiedlers; er symbolisiert die Kraft des göttlichen Geistes, der ihm den rechten Weg zeigt. Bekleidet mit dem Mantel der Diskretion, wandert er langsam und bewußt durchs Leben, und niemand kann ihn vom Weg abbringen. Alte Karten zeigen ihn mit vielen Symbolen der verrinnenden Zeit, z. B. mit einem Hirsch (Langlebigkeit), einer Sanduhr und einer Sichel.

Der Einsiedler ist oft ein Bettler oder Mönch. Alter und Bart symbolisieren Weisheit. Sein Ursprung ist Kronos, der griechische Gott der Zeit (bei den Römern Saturn). Die gekrümmte Mütze könnte eine Anspielung auf die Sense des Todes sein.

Der Eremit wandert langsam, aber stetig und verbreitet das Licht der Sonne, das ins Zentrum seiner Lampe dringt.

Das Rad des Lebens

Das Rad des Lebens (Schicksals, Glücks) ist ein Symbol des ewigen Prozesses, dem der Mensch unterworfen ist. Es steht für Ursache und Wirkung, ein neues Leben, einen schöpferischen Durchbruch oder für Reichtum. Auf dem Kopf stehend, weist es auf Besitzgier, das Scheitern eines Projekts und einen schwierigen Wandel hin.

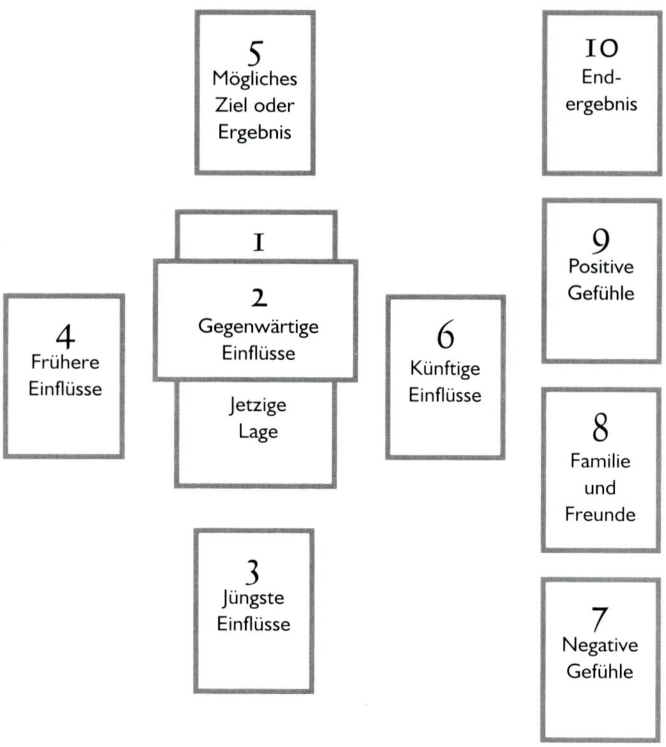

EMPFOHLENE DEUTUNG

1 Aufrechtes oder umgekehrtes Rad
Plötzliches Glück oder Unglück.

2 Aufrechtes oder umgekehrtes Rad
Siegreicher Wandel.

3 Aufrechtes Rad
Erfolg hängt von früherem Tun ab.
Umgekehrtes Rad
Vergeudete Energie und Begabung beeinflussen die Zukunft.

4 Aufrechtes Rad
Sie machen nur Fortschritte, wenn Sie den Wandel akzeptieren.
Umgekehrtes Rad
Hüten Sie sich vor zuviel Bequemlichkeit und Pomp.

5 Aufrechtes Rad
Der Wandel geht weiter. Es gibt neue Chancen.
Umgekehrtes Rad
Prüfen Sie neue Angebote und Faktoren.

6 Aufrechtes Rad
Plötzlicher Wandel im Denken oder in der Richtung bringt Glück und Wachstum.
Umgekehrtes Rad
Lernen Sie geben und nehmen.

7 Aufrechtes Rad
Seien Sie philosophisch. Gelernte Lektionen bringen spirituelles Wachstum und Weisheit.
Umgekehrtes Rad
Lernen Sie loszulassen, haften Sie nicht an Äußerlichkeiten.

8 Aufrechtes Rad
Behalten Sie das Gleichgewicht. Weder Glück noch Unglück ist von Dauer.
Umgekehrtes Rad
Vernachlässigen Sie nicht Ihre Talente.

9 Aufrechtes Rad
Seien Sie auf einen plötzlichen Wandel vorbereitet.
Umgekehrtes Rad
Messen Sie Erfolg nie allein am Besitz oder anderen weltlichen Dingen.

10 Aufrechtes Rad
Günstige Zeit für ein schöpferisches Projekt. Es bringt Erfolg oder positive Veränderungen.
Umgekehrtes Rad
Etwas Unerwartetes verändert Ihren Plan.

Kartenkombinationen

Es ist ein Zeichen für dauerhaftes Glück, wenn Magier, Einsiedler, Päpstin oder Welt in der Nähe des Rades liegen. Der Magier verheißt aufregende berufliche oder häusliche Veränderungen, die Welt enthüllt Verborgenes und bringt Erfolg, die Päpstin kündigt einen künstlerischen oder wissenschaftlichen Triumph an. Triumph verspricht auch der Triumphwagen neben dem Rad.

Eine halbmenschliche Kreatur betrachtet die Gestalten, die hilflos am Rad des Lebens haften.

Die geflügelte und gekrönte Gestalt auf dem Rad könnte Osiris sein, der ägyptische Gott des Todes und der Auferstehung.

Das Rad erinnert an Ixion, einen König, der nach einer griechischen Sage Hera, die Gemahlin des Zeus, belästigte und zur Strafe dafür an ein Rad gebunden wurde, das sich ewig im Hades dreht. Im Mittelalter stellte man sich die Hölle als Rad vor, an dem die Seelen der Verdammten hängen, während Satan sich an dem Anblick weidet.

Der Gott Seth, die Inkarnation des Bösen, kriecht in Gestalt eines Affen am Rad hinab – das Glück ist zu Ende, es geht »bergab«.

Der schakalköpfige Anubis, der die Toten zum Richter bringt, klettert hinauf zu Osiris. Er ist auch ein Symbol des neuen Lebens und verkündet den Triumph des Guten.

Das Geschöpf unten am Rad hält ein ägyptisches Henkelkreuz in der Hand, ein Symbol der Erlösung und des ewigen Lebens.

Die Kraft

Die Kraft (Stärke, Lust) ist die günstigste Karte des Tarots und hat keine eindeutig negativen Bedeutungen. Sie steht für den Triumph des Geistes über die Materie, der Liebe über den Haß, des Positiven über das Negative. Sie symbolisiert auch mit Weisheit gepaarte Macht und gute Chancen für den Mutigen.

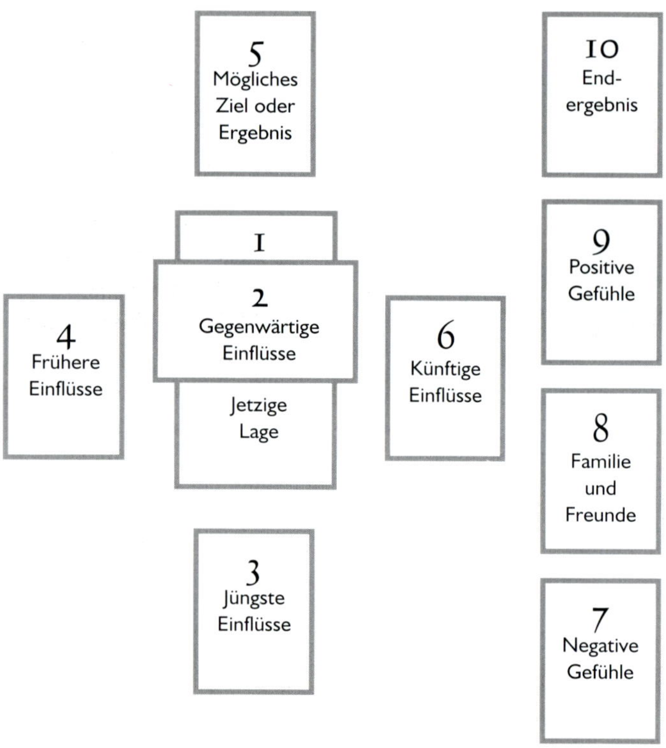

Kartenkombinationen

Diese Karte ist so stark, daß sie den gesamten Spread beeinflußt. Wenn ihr der Tod folgt, bedeutet sie eine schwere, aber nicht tödliche Krankheit. Geht der Tod ihr voraus, droht ein plötzliches Ende. Beide Karten umgekehrt, kündigen knappes Entkommen an. Kommt die Kraft vor dem Wagen, krönt Triumph eine große Anstrengung. Geht dieser ihr voraus, bringt er große Kraft mit.

EMPFOHLENE DEUTUNG

I Aufrechte oder umgekehrte Kraft
Sie besitzen Integrität, Selbstdisziplin, Selbsterkenntnis und schöpferische Energie. Dies ist eine wichtige Zeit in Ihrem Leben.

2 Aufrechte oder umgekehrte Kraft
Ein Angebot wird Ihre Zukunft verändern. Schlagen Sie es nicht aus.

3 Aufrechte Kraft
Trotz aller Versuchungen haben Sie innere Balance und Stärke erreicht.
Umgekehrte Kraft
Mangel an Selbstvertrauen kann den Erfolg verzögern.

4 Aufrechte Kraft
Sie entdecken Ihr schöpferisches Potential.
Umgekehrte Kraft
Wenn Sie Wut und Stolz zügeln, gewinnen Sie.

5 Aufrechte Kraft
Dank eines wundervollen Angebotes können Sie Pläne verwirklichen.
Umgekehrte Kraft
Unvernünftige Forderungen. Bleiben Sie fest gegenüber Egoisten und Neidern.

6 Aufrechte Kraft
Sie setzen schöpferische Energie frei oder erkennen Ihren Wert; das verändert Ihr Leben.
Umgekehrte Kraft
Bleiben Sie fest und mutig.

7 Aufrechte Kraft
Sie sind zu selbstlos und verkaufen sich oft unter Wert.
Umgekehrte Kraft
Hüten Sie sich vor Völlerei.

8 Aufrechte Kraft
Stehen Sie zu Ihrer Überzeugung, wagen Sie den Sprung ins Dunkel.
Umgekehrte Kraft
Lassen Sie sich nicht von negativen Menschen beeinflussen.

9 Aufrechte Kraft
Intelligenter Einsatz von Kraft, Entschlossenheit und Talent bringt Erfolg.
Umgekehrte Kraft
An Herrschsucht können Partnerschaften zerbrechen.

IO Aufrechte Kraft
Eine Chance, die Ihr Leben verändert, kommt bald.
Umgekehrte Kraft
Sie sind stark wie zehn!

Mit den Händen im Maul des Löwen zeigt die Kraft, was sie zusammen mit dem Geist vermag.

Auf manchen Karten trägt die Kraft schlichte Kleider zum Zeichen der Reinheit und ist nur mit Hut oder Krone geschmückt. Auf anderen (z. B. im Rider-Waite-Tarot, wo sie die Nummer acht trägt, damit sie ins System der Kabbala paßt) hat sie ein weißes Kleid der Reinheit an und trägt Rosen im Haar und an der Hüfte – wenn Verlangen und spirituelle Kräfte sich vereinen, sind sie unbesiegbar.

Die Kraft ist Cyrene, die Zofe von Artemis/Diana. Sie kämpfte mit bloßen Händen gegen einen Löwen, als der Sonnengott sie entführte. Später gebar sie Aristaios, den Jagdgott. Sie öffnet oder schließt das Maul eines offenbar zahmen Löwen. Antike Okkultisten glaubten, manche Menschen übten magische Kraft über Tiere aus. Ein Talisman, der dieser Karte glich, sollte Menschen an Tiere binden. Der Löwe symbolisiert die Sonne und das Männliche; er wurde oft mit dem Einhorn assoziiert, dem Symbol des Mondes und der Jungfräulichkeit.

Die Kraft trägt einen breitkrempigen Hut in der Form einer Acht, der dem Hut des Magiers ähnelt. Diese kosmische Schleife symbolisierte im Alten Ägypten Unsterblichkeit.

Die innere Kraft oder Lust hält den Löwen mühelos in Schach und hebt einen vollen Becher hoch. Sie steht für Freude an der Herrschaft.

Der Gehängte

Das Thema dieser Karte ist das freiwillige Opfer – vielleicht Verzicht auf intellektuelle Überlegenheit oder Haß. Sie bedeutet auch Ausdauer, Voraussicht, okkulte Kräfte und eine spirituelle Entscheidung, die Gelassenheit bringt.

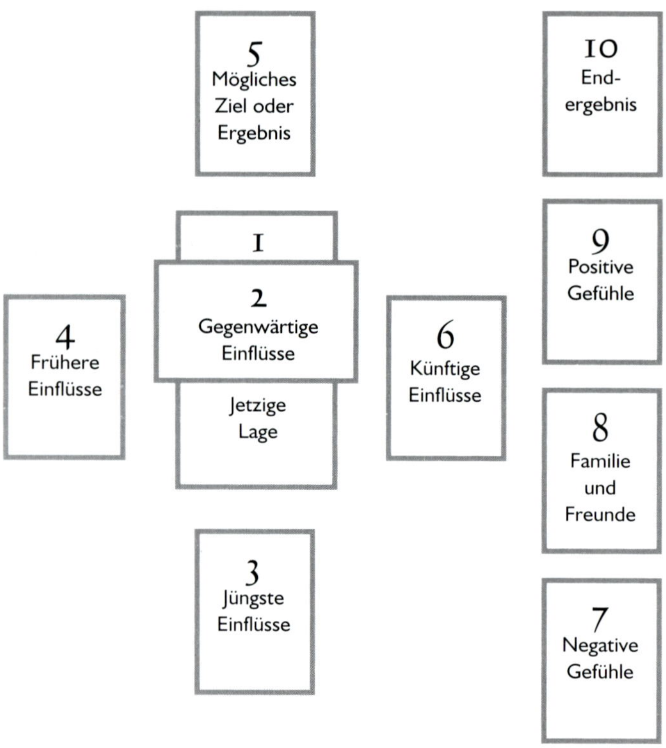

Kartenkombinationen

Der Gehängte und der Ausgleich nebeneinander bedeuten Täuschung und Unentschlossenheit. Der Gehängte und der Tod kündigen ein großes Opfer an, oder Sie bereuen, daß Sie etwas beendet haben. Der Teufel als Nachbar steht für eine Beziehung, in der ein Partner ein großes Opfer bringt, damit der andere zufrieden ist. Der andere ist egoistisch und muß lernen, mehr zu geben.

EMPFOHLENE DEUTUNG

1 Aufrechter oder umgekehrter Gehängter
Sie haben Voraussicht und Ausdauer und wissen, daß es eine höhere Macht gibt.

2 Aufrechter oder umgekehrter Gehängter
Eine Pause oder ein Opfer, das später Früchte bringt.

3 Aufrechter Gehängter
Sie bringen ein spirituell wertvolles Opfer oder haben es gebracht.
Umgekehrter Gehängter
Mangelnde Selbstachtung verursachte Mißerfolg.

4 Aufrechter Gehängter
Sie müssen eine Partnerschaft opfern oder mit neuen Augen sehen.
Umgekehrter Gehängter
Jemand könnte unrealistische Versprechungen machen.

5 Aufrechter Gehängter
Der Glaube an eine höhere Macht bringt inneren Frieden.
Umgekehrter Gehängter
Mißachtete Beschlüsse lösen innere Konflikte aus.

6 Aufrechter Gehängter
Setzen Sie neue Ziele, und machen Sie weiter, wenn die Zeit reif ist.
Umgekehrter Gehängter
Schauen Sie über die Gegenwart hinaus.

7 Aufrechter Gehängter
Erkennen und ändern Sie alte Verhaltensmuster.
Umgekehrter Gehängter
Flucht vor Verantwortung bringt trügerischen Frieden.

8 Aufrechter Gehängter
Der Bedürftige ist wichtiger als die Gabe.
Umgekehrter Gehängter
Sie bringen oft Opfer aus übertriebenem Pflichtgefühl.

9 Aufrechter Gehängter
Ein Wendepunkt im spirituellen Leben bringt Vertrauen, Vergebung und Zufriedenheit.
Umgekehrter Gehängter
Ihre Intuition entwickelt sich. Nutzen Sie sie weise.

10 Aufrechter Gehängter
Verborgenes kommt ans Licht, und Ihre Lage bessert sich.
Umgekehrter Gehängter
Sie bringen zu viele Opfer. Auch Ihr Leben zählt.

Der Gehängte bringt ein freiwilliges Opfer und bleibt gelassen.

Das Gesicht des Mannes ist unbekümmert oder entrückt. Vielleicht spielt er auf den Kult des Dionysos/Bacchus und auf die orphischen Riten an, die Neugeburt durch Opfer anstrebten.

Seine Beine formen ein Kreuz. Bilder aus dem Mittelalter bringen das orphische Thema mit Jesus in Verbindung und stellen den Gehängten als Judas Ischariot dar, dem die dreißig Silberlinge aus der Tasche fallen. Auf modernen Karten sind die Münzen ein Symbol der Verachtung für weltlichen Reichtum.

Der Mann ist an der linken Ferse kopfüber aufgehängt. Diese Strafe wurde während der Renaissance angewandt, vor allem um Ritter für ihre Vergehen zu demütigen.

Es war üblich, einen Schurken an einem Baum aufzuhängen. Hier wurde ein provisorischer ›Galgen‹ zwischen zwei jungen Bäumen errichtet. Die abgeschnittenen Äste deuten an, daß neues Wachstum möglich ist.

Hier ist der Gehängte gekreuzigt – aber an ein Henkelkreuz, das ägyptische Symbol des Lebens.

Der Tod

Dies ist eine sehr spirituelle Karte, die nicht nur Tod bedeutet, sondern auch das Ende eines alten Lebens, Wiedergeburt der Seele, neue Bewußtheit oder Kreativität, Neubeginn und das Ende einer unerträglichen Situation. Auf dem Kopf stehend, kündigt sie Resignation, Angst vor Veränderungen und erzwungene Opfer an.

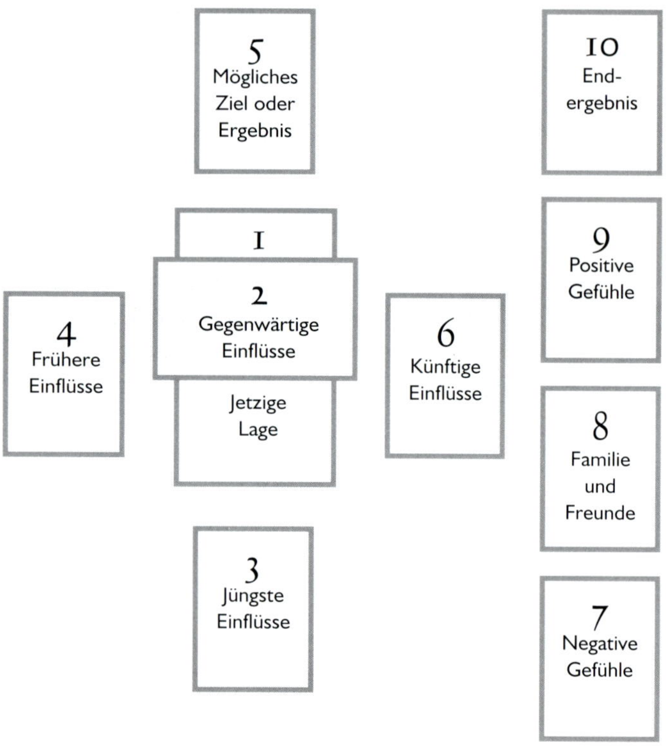

EMPFOHLENE DEUTUNG

1 Aufrechter oder umgekehrter Tod
Sie ändern Ihre Einstellung zum Beruf oder zu Beziehungen.

2 Aufrechter oder umgekehrter Tod
Ein wichtiges Ereignis kommt plötzlich.

3 Aufrechter Tod
Das Ende einer Ära.
Umgekehrter Tod
Sie verpassen eine Chance zur Transformation, wenn Sie am Materiellen hängen.

4 Aufrechter Tod
Etwas geht zu Ende. Akzeptieren Sie den Wandel.
Umgekehrter Tod
Depression und Selbstvorwürfe sind negativ und verhindern die Transformation.

5 Aufrechter Tod
Schlangen häuten sich. Es ist Zeit, alte Ideen abzuwerfen und neu zu beginnen.
Umgekehrter Tod
Ihre Einstellung führt zu Stagnation. Wandel ist vorteilhaft.

6 Aufrechter Tod
Sie kommen voran, wenn Sie das Leben mit neuen Augen sehen.
Umgekehrter Tod
Denken Sie nicht nur an sich selbst, sondern an das Ganze.

7 Aufrechter Tod
Zweifeln Sie nicht an sich selbst. Genießen Sie das Leben.
Umgekehrter Tod
Wandel zwingt Sie, Pläne aufzugeben.

8 Aufrechter Tod
Ein erzwungenes Opfer. Sie hätten freiwillig geben sollen!
Umgekehrter Tod
Sie fürchten materielle Not, weil Sie an sich selbst zweifeln.

9 Aufrechter Tod
Äußerer Wandel führt zur Transformation.
Umgekehrter Tod
Hoffnung, weil eine unerträgliche Situation endet.

10 Aufrechter Tod
Das Alte ist fort, das Neue und Bessere kommt.
Umgekehrter Tod
Erfolg, wenn Sie nicht träumen, sondern handeln.

Kartenkombinationen

Diese Karte kann sich auf den Staat oder auf den Einzelnen beziehen. Wenn der Tod mit dem Turm erscheint, droht eine Krise oder Katastrophe. Steht der Turm auf dem Kopf, entkommen Sie knapp. Der Tod, gefolgt von der Welt, kündigt den Sturz eines Politikers oder eine Epidemie an. Folgt der Tod dem Liebenden, geht eine Ehe oder Romanze zu Ende.

Der Tod als Skelett holt seine grausige Ernte ein, sorgt aber auch für Erneuerung.

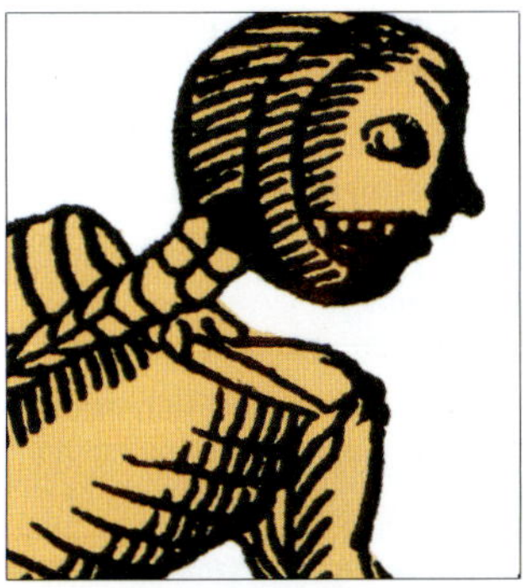

Diese Karte spielt vielleicht auf Moira, das Schicksal an. Trotz des makabren Bildes deuten die meisten modernen Okkultisten diese Karte als Zeichen der Transformation.

Zur düsteren Ernte gehören Hände, Füße und gebleichte Knochen. Einige Hände scheinen vergeblich um Gnade zu flehen. Doch das Feld ist fruchtbar: Unter der Erde wachsen viele Schößlinge, oben beginnen Pflanzen zu blühen. Der Tod sorgt also für neues Leben und Wachstum.

Die Sense symbolisiert die Ernte. Im Mittelalter verband man diese Karte mit der Geschichte von Jesus, der sogar am Tor zur grauenhaften Hölle Seelen erntet.

Der Tod verschont niemanden und unterscheidet nicht zwischen Jung und Alt, Herrschern und Untertanen. Das unterstreicht die Krone auf einem Kopf. Der Fuß, der den anderen Kopf zertritt, erinnert daran, daß das Schicksal selbst Kinder ereilt.

Der Tod vollführt einen makabren Tanz, aber dabei wirbelt er Blasen auf, die neues Leben symbolisieren.

Der Ausgleich

Diese Karte (auch: Mäßigkeit, Kunst) steht für Kompromiß, Temperament und Menschlichkeit, aber auch für Harmonie zwischen dem Spirituellen und Materiellen, strahlende Energie, Inspiration, Kreativität und reiche Heirat. Die umgekehrte Karte bedeutet unkluges Handeln, gegensätzliche Interessen und seelische Instabilität.

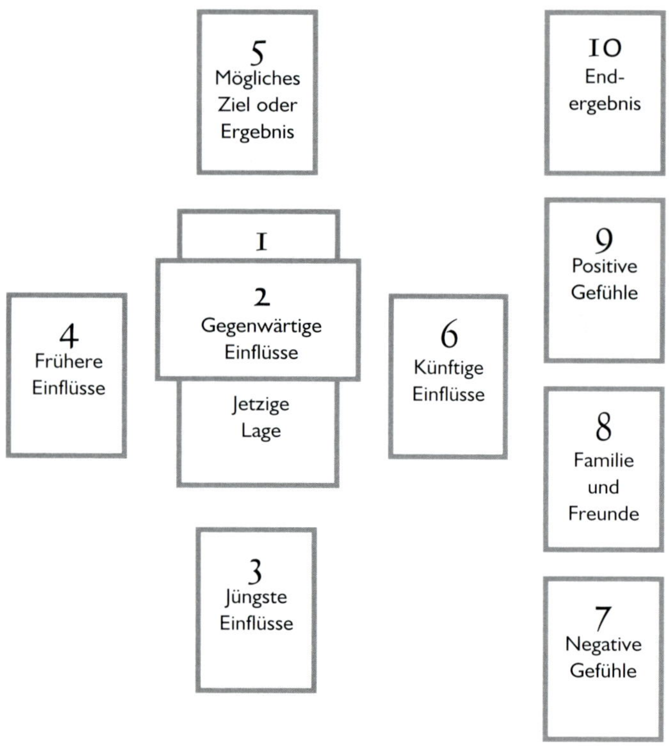

Kartenkombinationen

Ausgleich vor Gerechtigkeit bedeutet einen langen Rechtsstreit mit gerechtem Ausgang. Kommt die Gerechtigkeit zuerst, gibt es Verzögerungen. Wenn der Ausgleich auf dem Kopf steht und der Gerechtigkeit vorausgeht, ist Schluß mit dem Zögern. Liegt der Ausgleich neben dem Liebenden, bedeutet sie Unentschlossenheit, und wenn der Liebende umgekehrt ist, droht Verrat.

EMPFOHLENE DEUTUNG

1 Aufrechter oder umgekehrter Ausgleich
Sie suchen das Beste in anderen und sehen beide Seiten der Medaille.

2 Aufrechter oder umgekehrter Ausgleich
Ein Traum wird wahr, oder ein Rechtsstreit endet vorteilhaft.

3 Aufrechter Ausgleich
Ausgewogenheit zwischen dem Materiellen und Spirituellen.
Umgekehrter Ausgleich
Das Glück ist flüchtig, blicken Sie in Ihr Selbst.

4 Aufrechter Ausgleich
Sie arbeiten harmonisch mit anderen.
Umgekehrter Ausgleich
Lernen Sie, Kompromisse zu schließen.

5 Aufrechter Ausgleich
Ein Triumph als Künstler.
Umgekehrter Ausgleich
Persönliche Ziele und die Kunst sind Ihnen zu wichtig. Eine Beziehung ist gefährdet.

6 Aufrechter Ausgleich
Mäßigung in allen Dingen.
Umgekehrter Ausgleich
Sie müssen lernen, sich anzupassen.

7 Aufrechter Ausgleich
Zeigen Sie Ihre Gefühle öfter.
Umgekehrter Ausgleich
Seelische Unausgewogenheit kann zur Trennung führen.

8 Aufrechter Ausgleich
Eine reiche Partnerschaft oder Heirat.
Umgekehrter Ausgleich
Gegensätzliche Interessen und Wertvorstellungen können eine Beziehung zerstören.

9 Aufrechter Ausgleich
Erfolg durch strahlende Energie und Anpassung.
Umgekehrter Ausgleich
Stimmungsschwankungen gefährden den Erfolg. Lernen Sie, Gefühle zu zügeln.

10 Aufrechter Ausgleich
Ein neues Kapitel im Leben beginnt.
Umgekehrter Ausgleich
Zaudern verzögert auch das Glück.

Der Ausgleich vereint und gleicht aus. Er schenkt das Elixier der Gnade und Inspiration ein.

Das Wasser symbolisiert Reinigung, Stärkung und Inspiration. Das Gießen aus einem Gefäß ins andere steht für die Läuterung der Seele durch spirituelle Gnade. Das Wasser ist die Essenz des Geistes und inspiriert jene, die materiell gesinnt sind.

Der Ausgleich vereint Himmel und Erde oder Spirituelles und Materielles, symbolisiert von Bergen und Pflanzen. Auf manchen Karten ist ein Teich, das Symbol der Spiritualität, vor ihren Füßen zu sehen.

Die geflügelte Frau trägt eine Blume über der Stirn, vielleicht eine Rose, das Symbol der Vollkommenheit. Auf anderen Karten ist sie ein Engel und trägt anstelle der Blüte ein Sonnensymbol.

Diese Karte könnte auf den Wassermann anspielen oder auf Dionysos/Bacchus beim Mischen von Wasser und Wein, einem uralten Ritus. Manche halten die Gestalt für Ganymed, der den Göttern aufwartet und leere Becher mit dem Nektar der Unsterblichkeit füllt.

Hier ist der Ausgleich oder die Kunst eine androgyne Gestalt aus zwei vereinten Liebenden, die die Elemente zusammenführen.

Der Teufel

Dies ist eine mächtige, im wesentlichen negative Karte. Sie kann fleischliche Exzesse, Völlerei, Gier, Zerstörung und plötzliche, unabwendbare Ereignisse bedeuten, aber auch Energie, Humor und Sinnlichkeit. Auf dem Kopf stehend, kann sie Befreiung und Heilung symbolisieren.

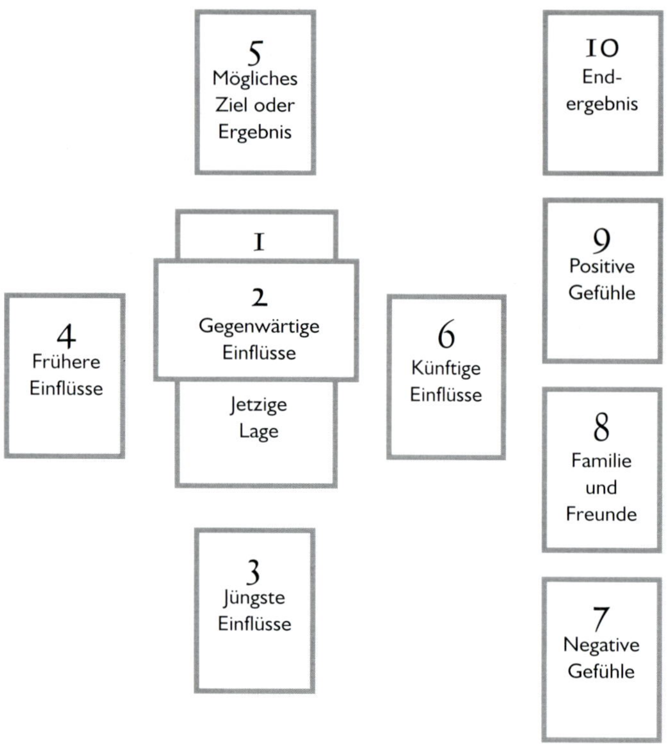

Kartenkombinationen

Wenn der Papst und der Teufel in einem Spread erscheinen, heben sie einander auf; entscheidend sind dann die übrigen Karten. Geht der Teufel dem Herrscher voraus, droht Aufruhr im Land; kommt der Herrscher zuerst, ist ein mächtiger Politiker bedroht. Wenn der Teufel vor der Gerechtigkeit kommt, wird es ein Fehlurteil geben, im umgekehrten Fall werden falsche Anschuldigungen entlarvt.

EMPFOHLENE DEUTUNG

1 Aufrechter oder umgekehrter Teufel
Sie besitzen Humor, Vitalität, Sexualität und Kreativität, müssen aber körperliche Exzesse meiden.

2 Aufrechter oder umgekehrter Teufel
Plötzliches, unabwendbares Ereignis, gut oder schlecht.

3 Aufrechter Teufel
Eine möglicherweise falsche Entscheidung verlangt Selbstbeherrschung.
Umgekehrter Teufel
Es ist vorteilhaft, wenn Sie Ihre Fehler einsehen und akzeptieren.

4 Aufrechter Teufel
Sie machen sich von negativen Einflüssen frei und haben schnelle Fortschritte zu erwarten.
Umgekehrter Teufel
Sie haben das Gefühl, allein in eine Sackgasse zu gehen.

5 Aufrechter Teufel
Mit Mut entkommen Sie einer gefährlichen Situation.
Umgekehrter Teufel
Ein Schock enthüllt das innere Selbst. Das ist der Beginn der spirituellen Erleuchtung.

6 Aufrechter Teufel
Sie sind dabei, Ihre Maske abzulegen.
Umgekehrter Teufel
Sie sehen sich selbst negativ und nutzen ihre Kreativität nicht.

7 Aufrechter Teufel
Lassen Sie das Körperliche nicht dominieren.
Umgekehrter Teufel
Intoleranz und Egoismus erzeugen einen zu starken Druck.

8 Aufrechter Teufel
Leben Sie nicht auf zu großem Fuß.
Umgekehrter Teufel
Es ist Zeit, jene um Verzeihung zu bitten, die Sie verletzt haben.

9 Aufrechter Teufel
Lernen Sie, sich selbst zu lieben und zu akzeptieren.
Umgekehrter Teufel
Harte Arbeit und innerer Kampf bringen Erfolg und Glück.

10 Aufrechter Teufel
Bald wird sich Ihr Leben plötzlich verändern.
Umgekehrter Teufel
Glück und Erfolg belohnen Mut und Aufrichtigkeit.

Der gehörnte und geflügelte Teufel symbolisiert das Böse, aber auch die Aussicht auf Erlösung.

Eine Gestalt, die dem mittelalterlichen Bild vom Satan entsprach, wurde in einem Kult verehrt, der auf Mithras, Dionysos und Saturn zurückging. Sie wurde oft mit einem oder mehreren Menschen- oder Tiergesichtern, glühenden Augen, Hirschgeweih und Vogelkrallen dargestellt.

Die gehörnten und geflügelten Kobolde sind männliche und weibliche Verzerrungen der Liebenden und symbolisieren die Folgen einer ungezügelten Leidenschaft. Aber ihre Fesseln sind locker, denn die Kraft des Geistes kann das Böse besiegen und die Kobolde befreien.

Der Brustpanzer könnte die Schnüre oder Schlangen widerspiegeln, die oft um das Idol gewunden wurden. Sie symbolisieren die Bindung an das Böse und die Schwierigkeit, ihm zu entkommen.

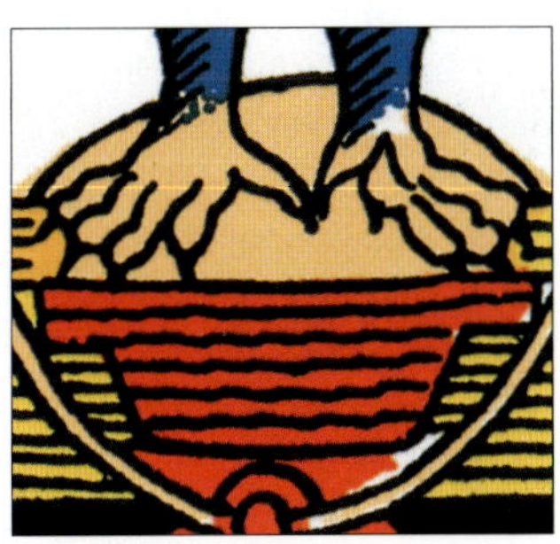

Die Adlerkrallen stehen auf einem Podest oder Thron, einem Symbol der weltlichen Herrschaft. Auf anderen Karten hat der Teufel Hufe. Er ist das Gegenstück zum Magier, weil er anstelle des Stabes ein Schwert trägt und die rechte Hand hebt.

Der Teufel als Ziege mit spiralförmigen Hörnern symbolisiert schöpferische Energie, aber auch Gier und Exzeß.

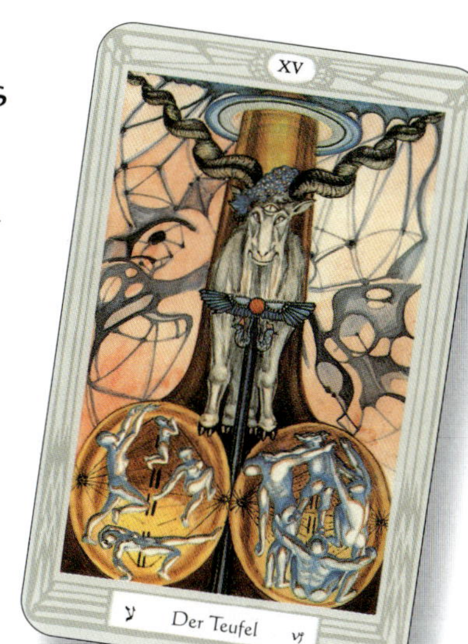

Der Turm

Diese Karte kündigt einen plötzlichen Wandel an. Sie warnt vor einem unerwarteten Schock oder einer Katastrophe, steht aber auch für Inspiration und eine glückverheißende Chance. Auf dem Kopf stehend, ist sie stärker und kündigt den Sturz des Egoisten, zerstörte Hoffnungen, Gefangenschaft oder das Ende einer Partnerschaft an.

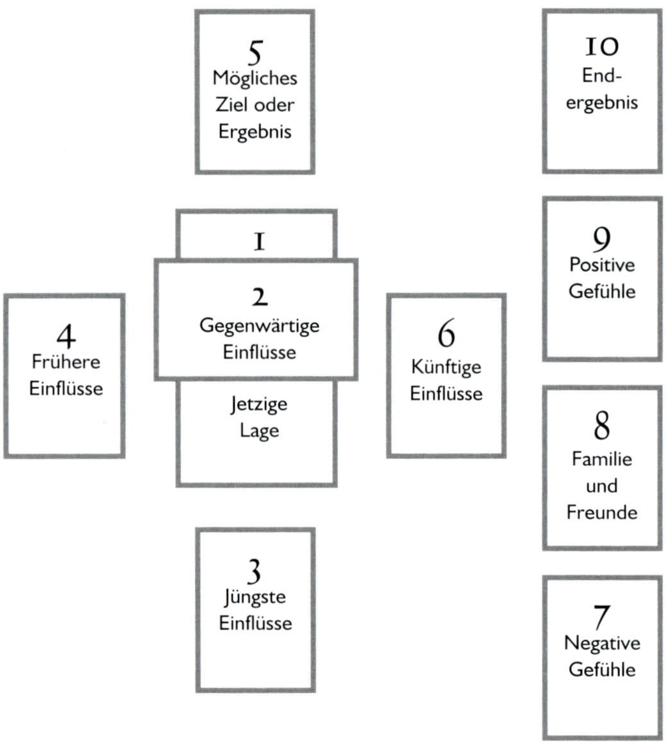

Kartenkombinationen

Wenn der Turm der Päpstin vorausgeht, droht eine Katastrophe. Stehen beide auf dem Kopf, kündigen sie eine Gehirnverletzung oder einen körperlichen und geistigen Zusammenbruch an. Die Kraft betont die Bedeutung des Turms; zusammen mit der Welt meint er nicht das Individuum, sondern die Allgemeinheit.

EMPFOHLENE DEUTUNG

1 Aufrechter oder umgekehrter Turm
Wandel zum Besseren nach Enttäuschung oder Verlust.

2 Aufrechter oder umgekehrter Turm
Ein Gipfel ist erreicht.

3 Aufrechter Turm
Das Alte muß zerstört werden, um Neuem Platz zu machen.
Umgekehrter Turm
Mangel an Einsicht, Egoismus und Stolz verhindern einen notwendigen Wandel.

4 Aufrechter Turm
Ihr Ehrgeiz hatte ein schwaches Fundament. Falsche Versprechungen.
Umgekehrter Turm
Selbsterkenntnis und Ehrlichkeit trennen das Wahre vom Falschen und machen zufrieden.

5 Aufrechter Turm
Tun Sie das Richtige, und Sie werden glücklich.
Umgekehrter Turm
Selbsterkenntnis bewirkt einen traumatischen und dennoch befriedigenden Wandel.

6 Aufrechter Turm
Sehen Sie die Dinge so, wie sie sind, nicht so, wie Sie sie haben wollen.
Umgekehrter Turm
Sehen Sie die Schrift an der Wand – etwas muß sich ändern.

7 Aufrechter Turm
Neue innere Bewußtheit nach plötzlichem Konflikt.
Umgekehrter Turm
Nehmen Sie, was Sie wollen, aber Sie müssen dafür zahlen.

8 Aufrechter Turm
Beziehungen sind gestört und müssen erneuert werden.
Umgekehrter Turm
Unüberlegtes Handeln löst Chaos und Streit aus.

9 Aufrechter Turm
Kämpfen Sie nicht dagegen an!
Umgekehrter Turm
Sie zahlen einen hohen Preis für körperliche, seelische und geistige Freiheit.

10 Aufrechter Turm
Der kommende Wandel bringt Glück und Heilung.
Umgekehrter Turm
Bald bieten sich wundervolle Chancen.

Der Blitz schlägt in den Turm ein, aber die Opfer, die aus dem Fenster fallen, sind Überlebende.

Die beiden Gestalten, die vom Turm stürzen, symbolisieren die Umkehr des Bestehenden und den Kontakt des Spirituellen (des Kopfes) mit dem Materiellen (der Erde). Der eine hat sich schon so gut erholt, daß er nach einer Pflanze greifen kann, dem Symbol des Lebens. Das Alte muß dem Neuen weichen.

Die kunstvollen goldenen und roten Federn sind stilisierte Blitze. Sie erinnern an die Titanen, die Dionysos in Stücke rissen und von göttlichen Blitzen vernichtet wurden. Wie der Phönix erhob Dionysos sich aus der Asche und wurde zu Bacchus.

Die Spitze des Turmes gleicht einer Krone – Größe und Ehrgeiz werden besiegt. Der einschlagende Blitz kann auch Erleuchtung oder Katharsis bedeuten.

Kugeln schweben zur Erde. Sie könnten hebräische Jods sein und den Abstieg des Spirituellen in die materielle Welt symbolisieren.

Ein Auge, das alles sieht, wacht über das Schicksal derer, die vom Turm in die reinigenden Flammen fallen.

Der Stern

Hoffnung, Liebe und Wiedergeburt sind die Themen dieser Karte. Sie steht für Optimismus, gegenseitige Freundschaft, ein festes Versprechen, Gesundheit, Einsicht und Führung von oben. Die umgekehrte Karte bedeutet zuviel Optimismus und Vertrauen, Intoleranz, Pessimismus und geringe Selbstachtung.

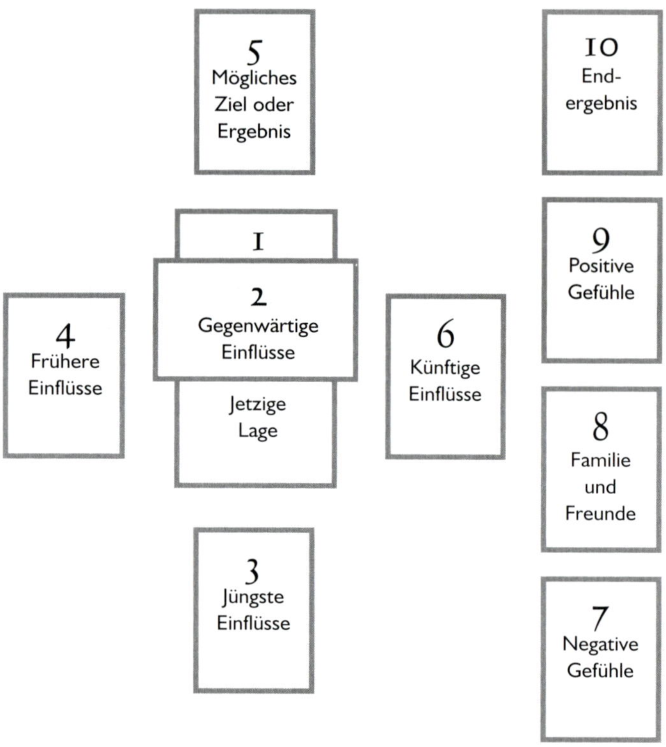

Kartenkombinationen

Wenn die Herrscherin dem Stern folgt, führen Sie ein glückliches, geordnetes, ruhiges Leben. Folgt der Magier dem Stern, sind die Aussichten für ein neues Projekt günstig. Der Stern nach der Herrscherin verspricht Erfolg durch großen Einsatz. Liegt der Stern neben dem Teufel, heben beide einander auf.

EMPFOHLENE DEUTUNG

1 Aufrechter oder umgekehrter Stern
Sie sind froh und vertrauen auf die Zukunft. Wenn Sie in der Liebe enttäuscht wurden, tritt ein wertvoller Mensch in Ihr Leben.

2 Aufrechter oder umgekehrter Stern
Ausgewogenheit und Zurückhaltung helfen, Probleme zu lösen.

3 Aufrechter Stern
Positive Energie für positives Tun. Gott hilft, wenn Sie sich selbst helfen.
Umgekehrter Stern
Manchmal darf man nicht so viel geben.

4 Aufrechter Stern
Frieden durch Kampf. Gute Freunde und innere Stärke.
Umgekehrter Stern
Fühlen Sie sich nicht denen überlegen, die nicht Ihren Verstand oder Ihre Erfahrung besitzen.

5 Aufrechter Stern
Mut und Selbstvertrauen bringen Triumph und Erfolg.
Umgekehrter Stern
Ignorieren Sie die innere Stimme, bleibt der Erfolg aus.

6 Aufrechter Stern
Neue körperliche, seelische und geistige Energie.
Umgekehrter Stern
Lassen Sie sich nicht unterdrücken, seien Sie zuversichtlich.

7 Aufrechter Stern
Mut und positives Denken beseitigen Furcht.
Umgekehrter Stern
Selbstzweifel hemmen den Erfolg, doch sie werden überwunden.

8 Aufrechter Stern
Sie bekommen Hilfe. Harmonie setzt sich durch.
Umgekehrter Stern
Wer nur das Positive sieht, kann das Negative nicht bekämpfen.

9 Aufrechter Stern
Nur eine aufgeschobene Entscheidung bringt Harmonie.
Umgekehrter Stern
Was Sie tun müssen, kann andere verletzen.

10 Aufrechter oder umgekehrter Stern
Sie haben sich trotz der Kosten richtig entschieden. Glück und Liebe erwarten Sie.

Das nackte Mädchen unter den Sternen am Teich symbolisiert Optimismus und Liebe.

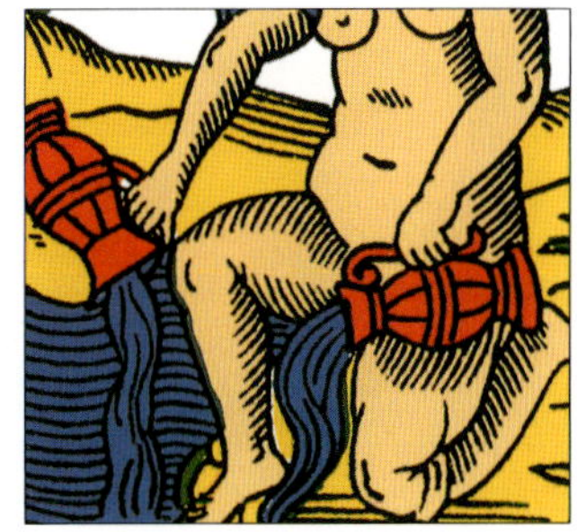

Die Frau gießt Wasser aus zwei Krügen. Aus dem einen spendet sie der Erde das Wasser des Lebens, der andere enthält das Wasser des kosmischen Bewußtseins, das Seele und Geist erquickt und den Teich der Erinnerung füllt. Ein Fuß steht auf dem Land, der andere im Wasser: Sie herrscht über beide Dimensionen.

Die Frau könnte Venus sein. Bei den Griechen hieß sie Hesperos, wenn sie der Sonne als Abendstern folgte, und Phosphoros oder Luzifer (Lichtbringer) in der Dämmerung.

Der achtzackige Stern ist der Stern der Inanna im sumerischen Mythos. Er symbolisiert Licht und kosmische Energie. Sieben kleine Sterne, wohl die Plejaden, umgeben ihn.

Die Bäume mit den grünen Blättern symbolisieren den Frühling. Ein Vogel, das Symbol der Liebe, landet auf einem Baum.

Der Stern und die Frau, die die materielle und spirituelle Ebene mit Energie erfüllt, sind Symbole der Wiedergeburt und der Hoffnung.

Der Mond

Diese Karte symbolisiert das Unbewußte, Intuition, Phantasie und Kreativität, aber auch Ungewißheit, Fluktuation, Täuschung und Boshaftigkeit. Wenn sie auf dem Kopf steht, ist ihre Bedeutung abgeschwächt. Sie weist auf überstandene Stürme hin, verspricht Erfolg und warnt vor seelischen Krisen.

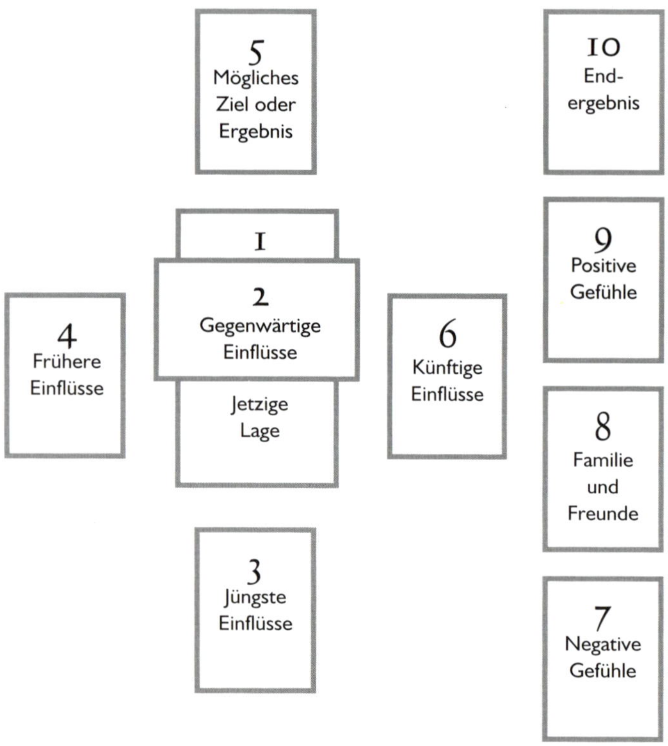

Kartenkombinationen

Neben dem Turm, dem Teufel oder der Gerechtigkeit ist der Mond sehr negativ und warnt vor Unrecht und Verrat. Gefolgt vom Tod, bedeutet er Verlust als Folge von Verleumdung. Sind beide Karten umgekehrt, kommt die Wahrheit ans Licht. Wenn der Mond dem Liebenden vorausgeht, können Täuschung oder Lügen eine Beziehung zerstören, oder eine illusionäre Liebe endet abrupt.

EMPFOHLENE DEUTUNG

1 Aufrechter oder umgekehrter Mond
Sie sind kreativ und manchmal zu emotional. Sie haben tiefe Gefühle, Intuition und übersinnliche Gaben.

2 Aufrechter oder umgekehrter Mond
Sie müssen ein Beziehungsproblem lösen. Oder: Ein neues Projekt beginnt.

3 Aufrechter Mond
Meditieren Sie. Achten Sie auf unbewußte Motive.
Umgekehrter Mond
Fallen Sie nicht auf falsche Versprechungen herein. Der Schein kann trügen.

4 Aufrechter Mond
Eine Phase der Ungewißheit und Fluktuation.
Umgekehrter Mond
Angst vor Unsicherheit hemmt die spirituelle Transformation.

5 Aufrechter Mond
Die Stürme sind vorbei. Sie haben Erfolg.
Umgekehrter Mond
Emotionen können in die Irre führen.

6 Aufrechter Mond
Nach dem Unwetter erscheint ein Regenbogen.
Umgekehrter Mond
Vertrauen Sie der inneren Stimme, werden Sie selbstsicherer.

7 Aufrechter Mond
Phantasie kann die klare Sicht rauben.
Umgekehrter Mond
Täuschung, Mißverständnisse, falsche Anschuldigungen.

8 Aufrechter Mond
Sie lernen aus den Folgen Ihres Handelns.
Umgekehrter Mond
Früheres Tun zeitigt Folgen. Beziehungen werden erneuert.

9 Aufrechter Mond
Das Unbewußte und Träume beflügeln die Kreativität.
Umgekehrter Mond
Ein Rätsel wird gelöst, und Sie kommen voran.

10 Aufrechter Mond
Phantasie, von der Vernunft gezügelt, bringt künstlerischen Erfolg.
Umgekehrter Mond
Eine letzte Prüfung. Lassen Sie sich von Ihrer Intuition leiten.

Mondsichel und Vollmond werfen ihr Licht auf symbolische Geschöpfe der Erde und des Meeres.

Der Mond ist in drei Phasen dargestellt. Sie symbolisieren die Ebenen der Vernunft, der Gefühle und des Geistes. Das Gesicht ist das der Mondgöttin Artemis/Diana oder das der Hekate, der dreifachen Göttin des Mondes, die Macht über Himmel und Hölle, Erde und Meer hat.

Die Kreatur, die aus der Tiefe steigt, erinnert an den Krebs, das Sternzeichen, das mit dem Mond verbunden ist, dem Herrscher über die Gezeiten und alle Wassergeschöpfe. Der Mond regiert auch über alle spiegelnden Oberflächen und galt selbst als Spiegel, der das innere Licht reflektiert.

Diana war auch die Jägerin, und die Hunde am tiefen Wasser könnten ihre Jagdhunde sein, die an den Säulen der Unterwelt – hier sind es Burgen mit Türmen – Wache halten.

Tautropfen fallen fast ins Maul der Hunde. Sie erinnern an das spirituelle Licht, das die Phantasie erleuchtet.

Schakale bewachen die Schwelle zwischen Wissen und Unwissenheit unter dem flackernden Licht des Mondes.

Die Sonne

Erfolg und Glück sind die Themen dieser Karte. Sie kann Gesundheit, Chancen, Triumph durch Energie, Dankbarkeit und Reichtum bedeuten. Obwohl sie schwächer ist, wenn sie auf dem Kopf steht, ist sie nie ausgeprägt negativ, sondern weist auf mangelnde Selbsterkenntnis oder Selbstsicherheit hin.

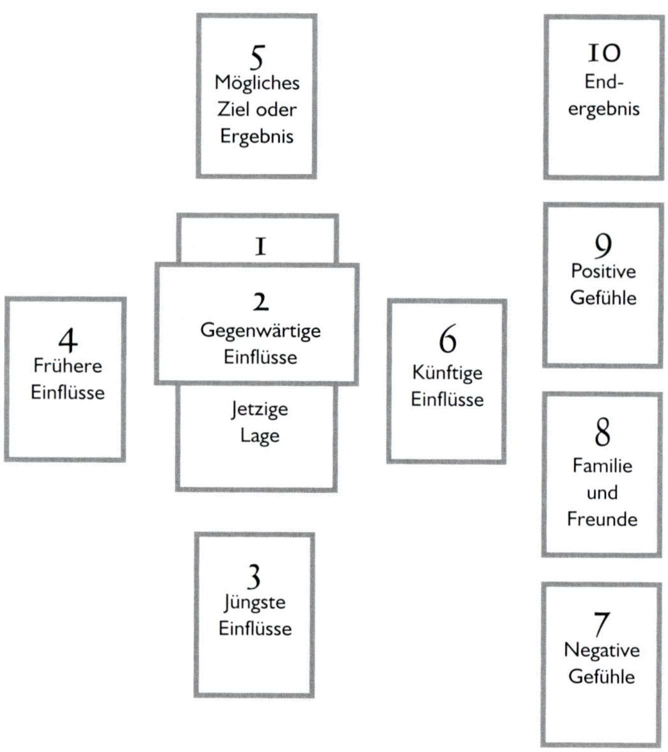

Kartenkombinationen

Wenn die Sonne dem Tod vorausgeht, verspricht sie Triumph oder Rechtfertigung, wenn sie dem Turm folgt, entsteht Gutes aus Bösem, selbst aus einer Katastrophe. Erscheint die Sonne mit der Zwei der Kelche, erfreuen sich zwei glückliche Menschen einer liebevollen, dauerhaften Partnerschaft.

EMPFOHLENE DEUTUNG

1 **Aufrechte oder umgekehrte Sonne**
Sie sind optimistisch und erfolgreich. Sie können Liebe geben und empfangen.

2 **Aufrechte oder umgekehrte Sonne**
Glück und Zufriedenheit durch eine neue Beziehung.

3 **Aufrechte Sonne**
Frühere Erfolge bringen Freude.
Umgekehrte Sonne
Prüfen Sie jeden Aspekt eines neuen Projekts.

4 **Aufrechte Sonne**
Ihre Arbeit oder Ihr Studium bringt Triumph und Lohn.
Umgekehrte Sonne
Arbeitsverlust oder eine zerbrochene Beziehung hat positive Folgen.

5 **Aufrechte Sonne**
Triumphaler Neubeginn als Folge früherer Mühe.
Umgekehrte Sonne
Seien Sie ehrlich zu sich selbst, und sehen Sie sich realistisch.

6 **Aufrechte Sonne**
Zögern Sie nicht. Ergreifen Sie die Chance, die sich Ihnen bietet.
Umgekehrte Sonne
Enttäuschung wegen einer plötzlichen Absage.

7 **Aufrechte Sonne**
Sie haben Ihr Glück gefunden und bewahren es in Ihrem Herzen.
Umgekehrte Sonne
Nicht Tagträumen, sondern Einsatz führt zum Erfolg.

8 **Aufrechte Sonne**
Geben Sie nie auf!
Umgekehrte Sonne
Ein Betrüger könnte Vertrauen mißbrauchen.

9 **Aufrechte Sonne**
Eine erfüllte Romanze oder großer Erfolg.
Umgekehrte Sonne
Seien Sie dankbar. Sie werden noch reicher gesegnet.

10 **Aufrechte Sonne**
Sie werden bald glücklich, obwohl Sie jetzt kämpfen müssen.
Umgekehrte Sonne
Glückliche Wiedervereinigung.

Die mächtige Sonne wärmt zwei Knaben. Sie symbolisiert Freude und Triumph.

In der Antike war die Sonne das Symbol des Königtums. Ägypter und Römer trugen Sonnenamulette, die Glück bringen und schützen sollten. Im Dionysoskult wurde die Geburt der Sonne am 25. Dezember gefeiert – später wurde daraus Weihnachten.

Die beiden Knaben, vielleicht Zwillinge, genießen die Sonne. Auf alten Karten laufen oder spielen Kinder unter der Sonne. Auf einigen späteren Karten sind junge Liebende abgebildet, andere zeigen eine Gestalt, die mit Sonnenstrahlen webt.

Die Mauer symbolisiert die schützende Energie der Sonne. Auf manchen Karten sehen wir Sonnenblumen hinter einer steinernen Mauer; sie verstärken diese Assoziation.

Die Sonnenstrahlen fallen wie Tau auf die Erde. Man glaubte früher, das Feuer komme von der Sonne und es schütze vor dem Bösen. Besonders heilig waren »Irrlichter«, die spontan bei starker Sonnenstrahlung entstehen.

Die Sonne erfüllt alle Tierkreiszeichen mit Licht, während Kinder fröhlich im lebenspendenden Licht tanzen.

Das Gericht

Diese Karte spielt auf ein gutes Leben an. Sie bedeutet Lohn für großen Einsatz, Entschlossenheit, Lösung eines Problems, Befreiung und Erneuerung. Die umgekehrte Karte steht für zeitweiligen Erfolg, Verlust, Bitterkeit und Angst vor dem Tod, aber Karten wie Teufel, Magier oder Rad schwächen ihren Einfluß.

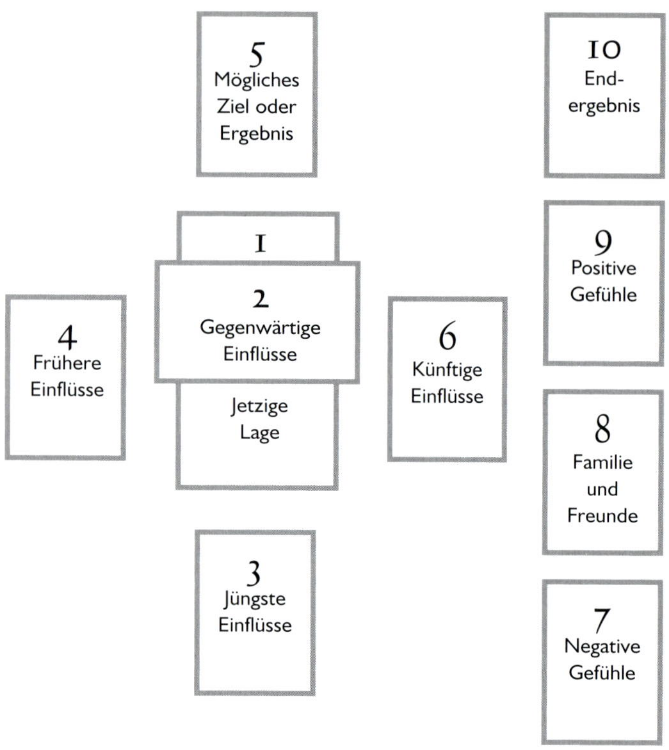

Empfohlene Deutung

1 Aufrechtes oder umgekehrtes Gericht
Sie sind selbstkritisch und analytisch. Vielleicht haben Sie Ihr Leben nach den Wünschen anderer ausgerichtet und nicht nach Ihren eigenen.

2 Aufrechtes oder umgekehrtes Gericht
Etwas geht zu Ende. Jetzt können Sie die Zukunft realistisch sehen.

3 Aufrechtes Gericht
Ein lohnendes Leben. Sie haben Ihre Arbeit gut gemacht.
Umgekehrtes Gericht
Es ist Zeit, alte Denkmuster zu überwinden.

4 Aufrechtes Gericht
Das Ende eines Kapitels, Befreiung.
Umgekehrtes Gericht
Auseinandersetzung mit Flucht vor sich selbst und Fehlern.

5 Aufrechtes Gericht
Schöpferische Tätigkeit trägt Früchte.
Umgekehrtes Gericht
Eine richtige Entscheidung bringt juristische Vorteile.

6 Aufrechtes Gericht
Wundervolles geschieht und bringt Erfüllung.
Umgekehrtes Gericht
Fürchten Sie nicht den Wandel, überwinden Sie Selbstmitleid.

7 Aufrechtes Gericht
Heilung, weil Sie aus Fehlern lernen.
Umgekehrtes Gericht
Sie müssen auch schmerzhafte Lektionen des Lebens lernen.

8 Aufrechtes Gericht
Sie brauchen einen neuen Wohnort, neue Arbeit oder neue Ideen.
Umgekehrtes Gericht
Lösen Sie unerwünschte Bindungen der Erneuerung zuliebe.

9 Aufrechtes Gericht
Sie sehen jetzt die Zukunft und kommen voran.
Umgekehrtes Gericht
Sie wollen frei sein, finden aber keinen Ausweg.

10 Aufrechtes Gericht
Endlich erkennen Sie den richtigen Weg.
Umgekehrtes Gericht
Sie haben Ihre Lektionen gelernt. Glück steht bevor.

Kartenkombinationen

Diese Karte ist sehr mächtig. Vor dem Triumphwagen bedeutet sie Ruhm. Steht der Wagen auf dem Kopf, ist der Triumph von kurzer Dauer, weil der plötzliche Erfolg den Charakter schwächt. Folgt der Einsiedler dem Gericht, handelt es sich um einen spirituellen Erfolg oder um künftigen, posthumen Ruhm. Beim umgekehrten Einsiedler werden wichtige Entdeckungen bekannt.

Ein Engel ruft die Toten zum Gericht. Sie dürfen sich auf eine Wiedergeburt freuen.

Der Engel ist wohl St. Michael, der den Menschen die Klugheit brachte. Er ist einer der Erzengel, die die Planeten auf Kurs halten. Sein Planet ist der Merkur, der die Toten geleitet.

Drei Gestalten sind aus dem Grab gestiegen: eine junge Frau, ein alter Mann und eine Gestalt, die wir von hinten sehen und die den Betrachter symbolisieren könnte. Sie beten, und obwohl sie nackt sind – sie können also nichts verbergen –, stehen sie als Lebende für Erlösung und Wiedergeburt.

Der Engel befindet sich in der Mitte einer runden Wolke mit Spiralrändern. Auf der Karte sind mehrere runde Formen zu sehen, die Ende und Anfang, Tod und Geburt symbolisieren.

Von der Trompete hängt eine Fahne mit dem Kreuz Michaels herab. Der Trompetenton öffnet ein Grab. Im Mittelalter galt Michael als Träger der Waage beim Jüngsten Gericht – er wog die Seelen der Auferstandenen.

Die kindliche Figur in der Mitte wartet auf den Beginn einer neuen Ära nach dem Letzten Gericht, auf das Aeon.

Die Welt

Diese letzte Karte gilt bei manchen als die beste, weil sie Vollendung und Belohnung symbolisiert. Sie steht für Feiern, einen triumphalen Abschluß, materiellen und spirituellen Erfolg, Glück, gelernte Lektionen und Reisen. Auf dem Kopf stehend, enthüllt sie eine unreife Persönlichkeit.

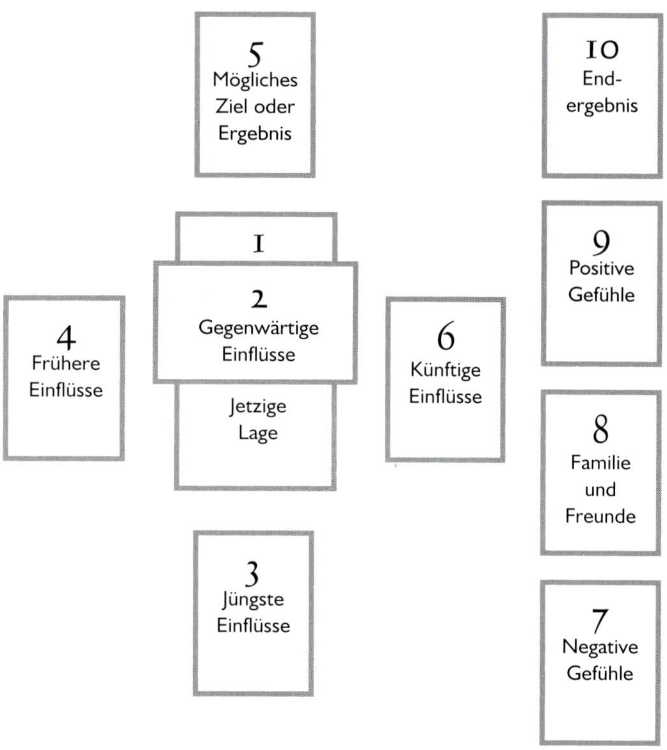

Kartenkombinationen

Wenn die Welt neben der Sonne liegt, kündigt sie ein erhebendes emotionales Ereignis an. Es bringt Freude, Liebe und Harmonie. Folgt die Welt dem Gehängten, bringt ein liebevolles Opfer großen Erfolg; kommt die Welt zuerst, kann das Opfer zu Trauer und Trennung führen. Gerechtigkeit, Einsiedler und Magier heben die Aussage der Welt auf.

EMPFOHLENE DEUTUNG

1 Aufrechte oder umgekehrte Welt
Sie arbeiten hart und verdienen den Lohn, der inneren Frieden und Freude bringt. Ein alter Traum wird wahr.

2 Aufrechte oder umgekehrte Welt
Ein willkommener Szenenwechsel oder ein erfüllter Wunsch.

3 Aufrechte Welt
Ein Kreis schließt sich, oder ein Werk ist vollendet.
Umgekehrte Welt
Glück hängt nicht von öffentlichem Beifall ab.

4 Aufrechte Welt
Sie sind frei und können neue Verantwortung übernehmen.
Umgekehrte Welt
Angst vor Wandel verzögert den Erfolg.

5 Aufrechte Welt
Ein Ziel ist erreicht, oder ein Wunsch wird wahr.
Umgekehrte Welt
Nur Einsatz bringt Erfolg.

6 Aufrechte Welt
Träumen Sie Ihren Traum, und er wird erfüllt.
Umgekehrte Welt
Erfolg verzögert sich.

7 Aufrechte Welt
Es ist Zeit, Ihren Traum mit anderen zu teilen.
Umgekehrte Welt
Spirituelles Wachstum und Erneuerung bringen neue Werte.

8 Aufrechte Welt
Akzeptieren Sie die Ideen anderer als gleichberechtigt.
Umgekehrte Welt
Andere hängen von Ihrer Entscheidung ab.

9 Aufrechte Welt
Eine Reise zu neuen, aufregenden Orten.
Umgekehrte Welt
Zu starke Bindungen verhindern den Wandel.

10 Aufrechte Welt
Ein triumphaler Abschluß, oder ein Traum erfüllt sich.
Umgekehrte Welt
Sie sind frei und können neu anfangen.

Eine Tänzerin im Triumphbogen symbolisiert ein frohes Fest und Erfolg.

In den Ecken der Karte sitzen meist ein Löwe, ein Stier, ein Engel (manchmal ein Mann) und ein Adler. Dies sind die vier Kreaturen des Propheten Hesekiel, die auch die vier Himmelsrichtungen symbolisieren (die Pole sowie Sonnenaufgang und -untergang).

Die Tänzerin befindet sich auf dem Höhepunkt der griechischen Mysterienriten. Der Initiand, der alle Prüfungen bestanden hatte, wurde zu Ehren der Sonne bekleidet und dem Volk gezeigt. Sie ist das Gegenstück zum Gehängten und kreuzt das linke Bein. Der lange Schal ist wahrscheinlich die olympische Stola, die der triumphierende Initiand bekam. Er ist ein Symbol des verdienten Erfolges.

Der Kranz, der die Tänzerin umgibt, ist ein traditionelles Siegeszeichen. Er erinnert auch an die Mandala, das Symbol des Universums, des Ganzen. An zwei Stellen halten ihn Bänder zusammen; manche Karten ersetzen sie durch Rosen und fügen vier andere Bänder hinzu.

In der Mitte der Welt oder des Universums tanzt ein Mädchen fröhlich in einem Kranz aus Sternen.

Die

Kleinen Arkana

Die Kleinen Arkana werden in vier Serien eingeteilt: Kelche, Stäbe, Münzen und Schwerter. Jede Serie besteht aus fünfzehn Karten vom As bis zur Zehn und vier Hofkarten: König, Königin, Ritter und Page (Bube; manchmal eine Hofdame). Die Hofkarten stehen für einflußreiche Leute im Leben des Fragenden, bisweilen auch für seine sichtbaren oder verborgenen Eigenschaften. Die numerierten Karten symbolisieren Erfahrungen und Entscheidungen, die Motive aufdecken und Wegweiser für die Zukunft sind. In diesem Abschnitt sind durchweg Kleine Arkana aus dem traditionellen Tarot de Marseille abgebildet.

Serie der Kelche

Kelche haben etwas mit Wasser zu tun, dem wandelbaren Element von unergründlicher Tiefe. Sie symbolisieren das Unbewußte, die Instinkte und die emotionale Entwicklung. Liebe, Erfüllung, Freude und Beziehungen sind die Domäne der Kelche. Außerdem werden sie mit der Kirche und dem heiligen Gral (dem sagenhaften Kelch Jesu beim letzten Abendmahl) assoziiert. Daß sie auch als Sinnbilder der Kreativität gelten, mag auf die mönchischen Schreiber und Künstler früherer Zeiten zurückzuführen sein. Trotz ihrer spirituellen Bedeutung stehen sie auch mit dem weltlichen Glück in Verbindung. Dies ist eine eher positive Serie, weil sie mit angenehmen Aspekten des Lebens zu tun hat, nicht mit spirituellen Konflikten oder heiklen moralischen Fragen. Das spiegelt sich noch in herkömmlichen Kartenspielen wieder: aus den Kelchen wurde die Farbe der Herzen.

Positive Aspekte

Romantik
*
Freundschaft
*
Körperliche Lust
*
Kreativität
*
Geselligkeit
*

Negative Aspekte

Eifersucht
*
Schmerzen
*
Zurückweisung
*
Zuviel Freude am Luxus
*
Egozentrik
*

König der KELCHE

Dieser mächtige, über 35 Jahre alte Mann kann aus jeder Gesellschaftsschicht kommen. Oft hat er mit dem Gesetz, mit Ausbildung oder Religion zu tun. Er ist verläßlich und kann wertvollen Rat geben oder helfen. Zudem ist er schlau, verbirgt seine Gefühle und denkt zuerst an sich.

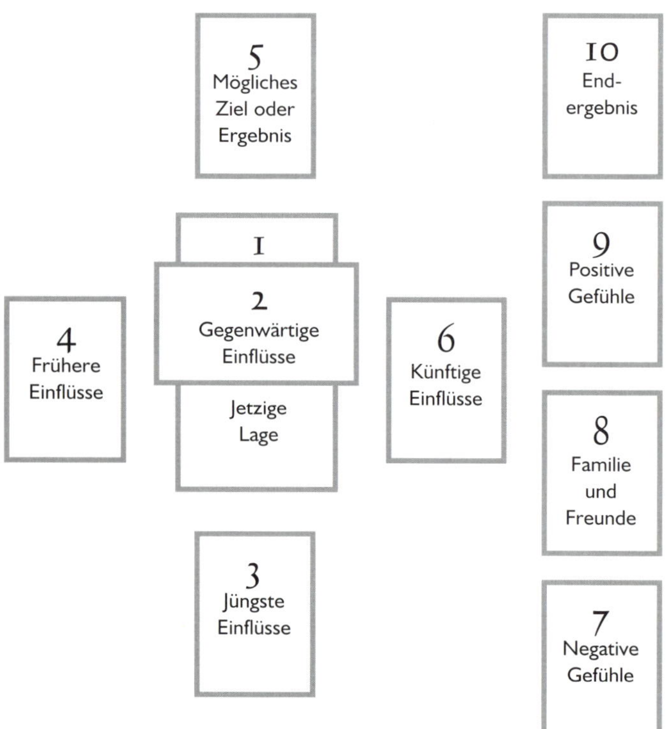

EMPFOHLENE DEUTUNG

1 **Aufrechter oder umgekehrter König**
Ein einflußreicher Mann, großzügig, weltlich gesinnt, ein guter Partner, vernünftig. Manchmal ist er egozentrisch und manipuliert.

2 **Aufrechter oder umgekehrter König**
Ein mächtiger neuer Freund oder Berater.

3 **Aufrechter König**
Eine tiefsitzende Angst oder Schwierigkeit kommt ans Licht.
Umgekehrter König
Wenn Sie die Lösung selbst finden, vermeiden Sie Streit.

4 **Aufrechter König**
Sie brauchen fachkundigen Rat.
Umgekehrter König
Stolz verhindert, daß Sie den notwendigen Rat suchen.

5 **Aufrechter König**
Großzügige Hilfe führt zu einer guten Lösung.
Umgekehrter König
Hüten Sie sich vor finanzieller oder juristischer Manipulation.

6 **Aufrechter König**
Ihr Entschluß, Rat zu suchen, bringt Frieden.
Umgekehrter König
Täuschung in finanziellen Dingen droht.

7 **Aufrechter König**
Ein guter Freund ist nicht gut.
Umgekehrter König
Berater haben sich im Griff und lassen Gefühle aus dem Spiel.

8 **Aufrechter König**
Ein guter Freund berät und hilft.
Umgekehrter König
Die falsche Zeit für neue emotionale Affären.

9 **Aufrechter König**
Ein intelligenter Mensch eröffnet Ihnen neue Chancen.
Umgekehrter König
Täuschung durch jemanden, der Gefühle verbirgt.

10 **Aufrechter König**
Erfolg mit Hilfe eines Mächtigen.
Umgekehrter König
Sehen Sie Ihre Probleme realistisch.

Königin der KELCHE

Die Königin der Kelche ist eine empfindsame, künstlerisch begabte, liebevolle Frau, die nach ihren Idealen lebt. Sie ist romantisch und eine gute Partnerin, aber – auf dem Kopf stehend – auch unzuverlässig und unehrlich. Sie steht für neue Horizonte oder eine Romanze.

EMPFOHLENE DEUTUNG

1 Aufrechte oder umgekehrte Königin
Eine intuitive, kreative, sehr emotionale Frau, ehrlich, pragmatisch. Sie verwirklicht ihre Träume.

2 Aufrechte oder umgekehrte Königin
Eine Frau tritt in Ihr Leben und eröffnet neue Chancen.

3 Aufrechte Königin
Tieferes inneres Wissen fördert die Entwicklung der Persönlichkeit.
Umgekehrte Königin
Sie verspüren den Drang, anderen zu helfen: Tun Sie es!

4 Aufrechte Königin
Der lang ersehnte Erfolg naht.
Umgekehrte Königin
Vernünftige leiden manchmal, weil sie ihre Intuition mißachten.

5 Aufrechte Königin
Nutzen Sie Ihre Talente, und ein Traum wird wahr.
Umgekehrte Königin
Hören Sie auf Ihr Herz, nicht auf andere, und Sie erreichen das Unmögliche.

6 Aufrechte Königin
Eine reife, kluge Frau ist bereit zu helfen.
Umgekehrte Königin
Berücksichtigen Sie alle Faktoren, wenn Sie sich Ziele setzen.

7 Aufrechte Königin
Sie haben Erfolg, wenn Sie intuitiv handeln.
Umgekehrte Königin
Täuschung durch eine Frau, die Geheimnisse kennt.

8 Aufrechte Königin
Wertvolle Informationen über Ihre Motive dank einer reizvollen Frau.
Umgekehrte Königin
Wenig Sympathie von einer guten Freundin.

9 Aufrechte Königin
Glückliche Heirat oder ein erfüllter Traum.
Umgekehrte Königin
Wenn Ihr Beruf Ihre seelischen Bedürfnisse befriedigt, finden Sie Erfüllung.

10 Aufrechte Königin
Seelische Erfüllung oder beruflicher Erfolg.
Umgekehrte Königin
Das Wissen um die eigene Kraft macht Sie emotional unabhängig.

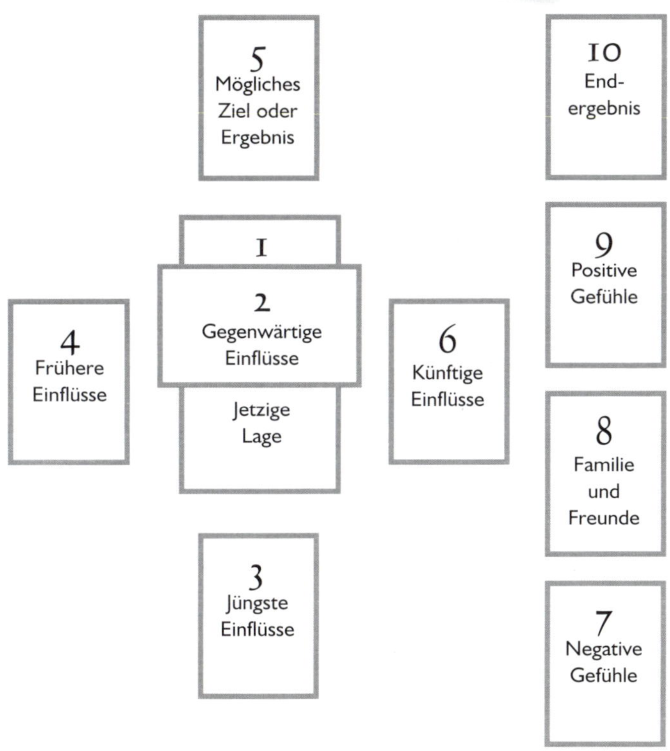

Ritter der KELCHE

Der Ritter ist ein Mann zwischen 21 und 35, kultiviert, sinnlich und romantisch. Er kann auch trügerisch und eingebildet sein. Diese Karte steht für eine angenehme Begegnung oder Einladung, einen Geliebten oder Rivalen, eine tiefe Beziehung, an der Sie arbeiten müssen.

EMPFOHLENE DEUTUNG

1 Aufrechter oder umgekehrter Ritter
Ein kultivierter und kreativer Mensch oder ein Überbringer einer Neuigkeit.

2 Aufrechter oder umgekehrter Ritter
Ein wichtiges Angebot oder eine Einladung kommt plötzlich.

3 Aufrechter Ritter
Sie beweisen Intelligenz und Willenskraft.
Umgekehrter Ritter
Lernen Sie, flexibler und für Neues offener zu sein.

4 Aufrechter Ritter
Ein neues Projekt oder eine neue Idee.
Umgekehrter Ritter
Prüfen Sie einen Vorschlag genau.

5 Aufrechter Ritter
Ein neues Ziel ist erreicht.
Umgekehrter Ritter
Prüfen Sie Dokumente vor der Unterschrift genau.

6 Aufrechter Ritter
Überzeugung bringt beruflichen Erfolg.
Umgekehrter Ritter
Ziele sind unrealistisch, wenn Sie nicht vernünftige Grenzen setzen.

7 Aufrechter Ritter
Haben Sie keine Angst vor einer neuen Liebesbeziehung.
Umgekehrter Ritter
Subtile Manipulation durch eine falsche Person.

8 Aufrechter Ritter
Eine Einladung kann Ihre Zukunft verändern.
Umgekehrter Ritter
Ein geliebter Mensch hat andere Ansichten.

9 Aufrechter Ritter
Körper, Seele und Geist tragen zum Erfolg bei.
Umgekehrter Ritter
Sie haben nur Erfolg mit neuen Ideen.

10 Aufrechter Ritter
Erfolg oder eine erfüllende Beziehung.
Umgekehrter Ritter
Sie müssen lernen, um seelisch flexibel zu bleiben.

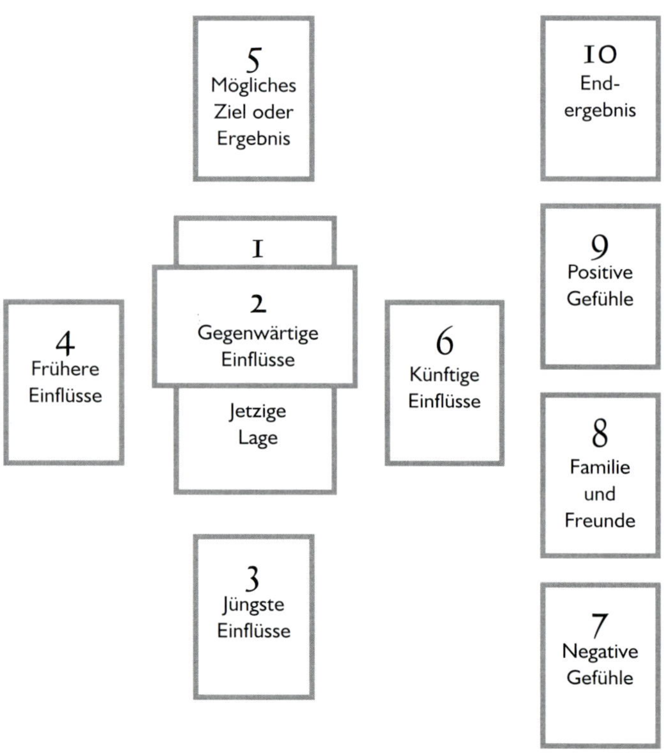

Bube der KELCHE

Der Bube ist ein hilfsbereiter Mensch unter 21. Er ist melancholisch und leidenschaftlich. Seine blühende Phantasie kann dazu führen, daß er andere täuscht. Er steht auch für neue Geschäftsmethoden und Wandel.

EMPFOHLENE DEUTUNG

1 **Aufrechter oder umgekehrter Bube**
Ein treuer oder meditativer junger Mensch hilft.

2 **Aufrechter oder umgekehrter Bube**
Eine wichtige Nachricht.

3 **Aufrechter Bube**
Sie müssen eine neue Idee ausarbeiten.
Umgekehrter Bube
Achten Sie auf realistische Ziele.

4 **Aufrechter Bube**
Hindernisse werden allmählich beseitigt.
Umgekehrter Bube
Vertrauen Sie Ihrer Intuition, die eine gute Führerin ist.

5 **Aufrechter Bube**
Sie erkennen Ihre Talente und nutzen Sie beruflich.
Umgekehrter Bube
Emotionen können, klug genutzt, die Kreativität beflügeln.

6 **Aufrechter Bube**
Nutzen Sie neue Chancen.
Umgekehrter Bube
Neue Entschlossenheit, neuer Stolz.

7 **Aufrechter Bube**
Sie müssen lernen, sich selbst zu lieben, ehe Sie andere wirklich lieben können.
Umgekehrter Bube
Akzeptieren Sie, daß nichts gleich bleibt.

8 **Aufrechter Bube**
Ein junger Freund lehrt Sie, daß Lachen heilt.
Umgekehrter Bube
Angst vor seelischen Verletzungen kann zu Unterdrükkung führen.

9 **Aufrechter Bube**
Heilung und innere Erneuerung.
Umgekehrter Bube
Sie finden heraus, daß ein Freund oder Kollege Sie täuscht.

10 **Aufrechter Bube**
Sie waren verletzt und wurden zurückgewiesen. Jetzt können Sie wieder lieben.
Umgekehrter Bube
Warten macht nicht glücklich. Werden Sie aktiv!

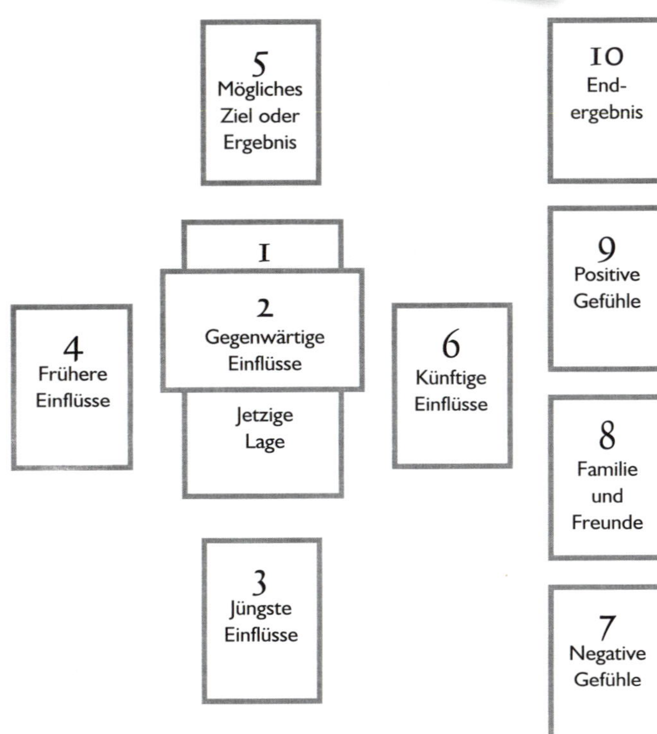

Zehn der KELCHE

Dauerhaftes spirituelles Glück, die Liebe alter Freunde, beruflicher Erfolg und eine Reise mit erfreulichem Ende sind die Themen dieser Karte. Auf dem Kopf stehend, warnt sie vor Verrat oder enthüllt, daß Sie Angst haben, Gefühle auszudrücken.

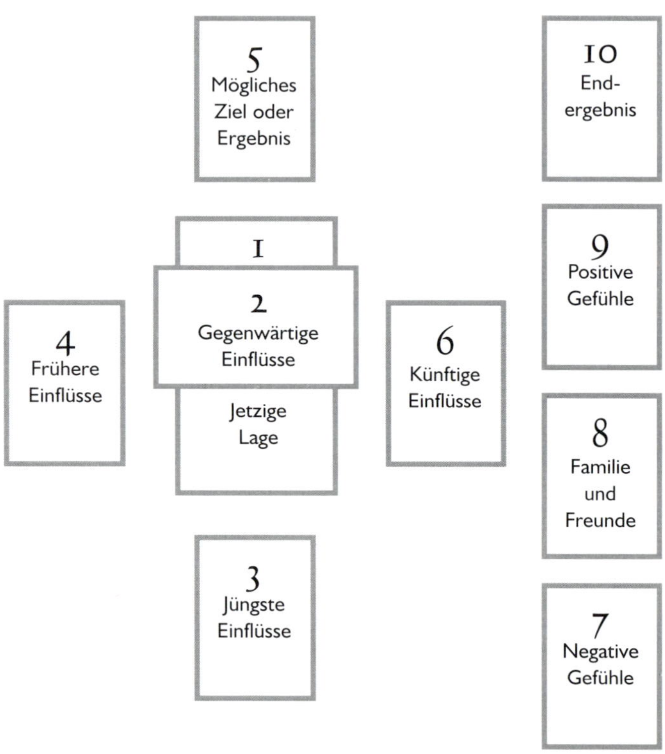

EMPFOHLENE DEUTUNG

1 Aufrechte oder umgekehrte Zehn
Eine glückliche Familie oder gute Freunde machen Sie spirituell zufrieden. Oder: Befriedigung durch öffentliches Wirken.

2 Aufrechte oder umgekehrte Zehn
Ein plötzliches aufregendes Ereignis oder eine Reise.

3 Aufrechte Zehn
Befriedigung dank Ansehen und Autorität.
Umgekehrte Zehn
Eine Leidenschaft zerstört Sie und ist für andere gefährlich.

4 Aufrechte Zehn
Sie leben mit festen Überzeugungen und Selbstvertrauen.
Umgekehrte Zehn
Trauer wegen familiärer Probleme.

5 Aufrechte Zehn
Ein Traum wird wahr.
Umgekehrte Zehn
Innere Sicherheit durch eine liebevolle Beziehung.

6 Aufrechte Zehn
Finanzieller Erfolg und Wohlstand.
Umgekehrte Zehn
Bedauern nach dem Verlust eines Freundes.

7 Aufrechte Zehn
Zeigen Sie Ihre wahren Gefühle.
Umgekehrte Zehn
Ein unglücklicher junger Mensch braucht Sie als Friedensstifter.

8 Aufrechte Zehn
Eine lebenslange Freundschaft beginnt bald.
Umgekehrte Zehn
Betrug durch einen Freund ist schwer zu verkraften.

9 Aufrechte Zehn
Stabiles Gefühlsleben.
Umgekehrte Zehn
Gedankenlosigkeit und Rücksichtslosigkeit führen zu einem Bruch.

10 Aufrechte Zehn
Dauerhaftes häusliches Glück oder Ansehen durch öffentliches Wirken.
Umgekehrte Zehn
Leben Sie wahrhaftig, damit Sie glücklich werden.

Neun der KELCHE

Dies ist die Karte der materiellen Wünsche. Sie ist nur schwach negativ. Sie bedeutet Erfüllung eines Wunsches, emotionale und materielle Stabilität, Gesundheit und Großzügigkeit. Wenn sie auf dem Kopf steht, warnt sie vor unangebrachtem Vertrauen oder Völlerei.

EMPFOHLENE DEUTUNG

1 Aufrechte oder umgekehrte Neun
Großzügigkeit, Gesundheit, Güte.

2 Aufrechte oder umgekehrte Neun
Seelische und materielle Stabilität und Erfüllung.

3 Aufrechte Neun
Nur wer Frieden mit sich selbst schließt, findet wahres Glück.
Umgekehrte Neun
Erkennen Sie Ihre Talente, und nutzen Sie sie.

4 Aufrechte Neun
Der Lohn der Mühe ist nahe.
Umgekehrte Neun
Sie haben Erfolg, wenn Sie Ihre tiefsten Wünsche berücksichtigen.

5 Aufrechte Neun
Allgemeine Zufriedenheit.
Umgekehrte Neun
Meiden Sie Völlerei.

6 Aufrechte Neun
Das Ziel ist in Sicht.
Umgekehrte Neun
Sie sind überlastet, weil Sie zuviel auf einmal machen.

7 Aufrechte Neun
Spirituelle Energie fördert Ihre Kreativität.
Umgekehrte Neun
Die Sorgen werden kleiner, der Erfolg größer.

8 Aufrechte Neun
Wertvoller Rat und Hilfe von Freunden.
Umgekehrte Neun
Andere könnten Ihre Großzügigkeit ausnutzen.

9 Aufrechte Neun
Erkennen Sie Ihr wahres Ziel, und folgen Sie Ihrem Herzen.
Umgekehrte Neun
Plötzliche neue, aufregende Pläne.

10 Aufrechte Neun
Ein großer Wunsch wird erfüllt.
Umgekehrte Neun
Wir werden nur glücklich, wenn wir mit dem zufrieden sind, was wir haben.

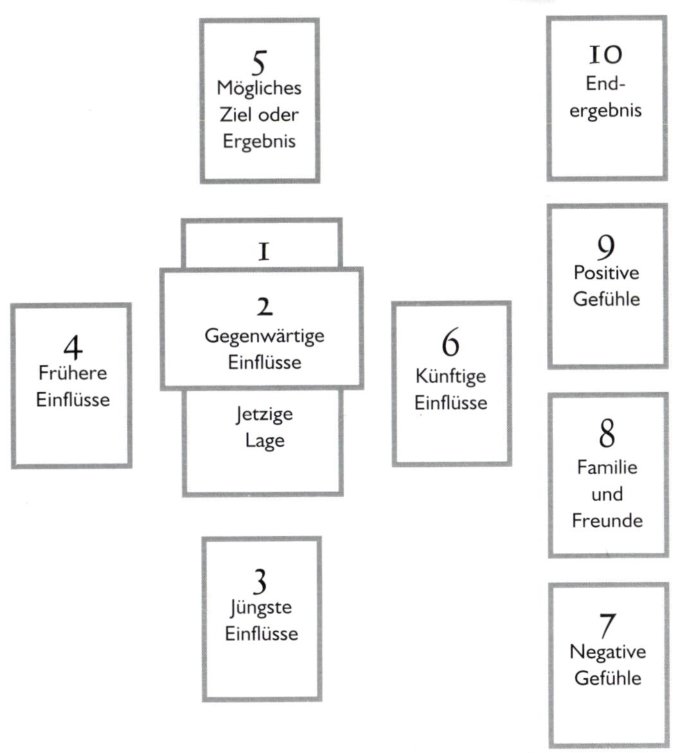

Acht der Kelche

Dies ist die Karte derer, die spirituelle Erfüllung suchen. Sie weist darauf hin, daß Sie ein neues Leben beginnen müssen oder daß Sie Illusionen verlieren. Wenn sie auf dem Kopf steht, ist es für Sie schwierig, eine neue Richtung zu finden, oder Sie erleben eine Enttäuschung in der Liebe.

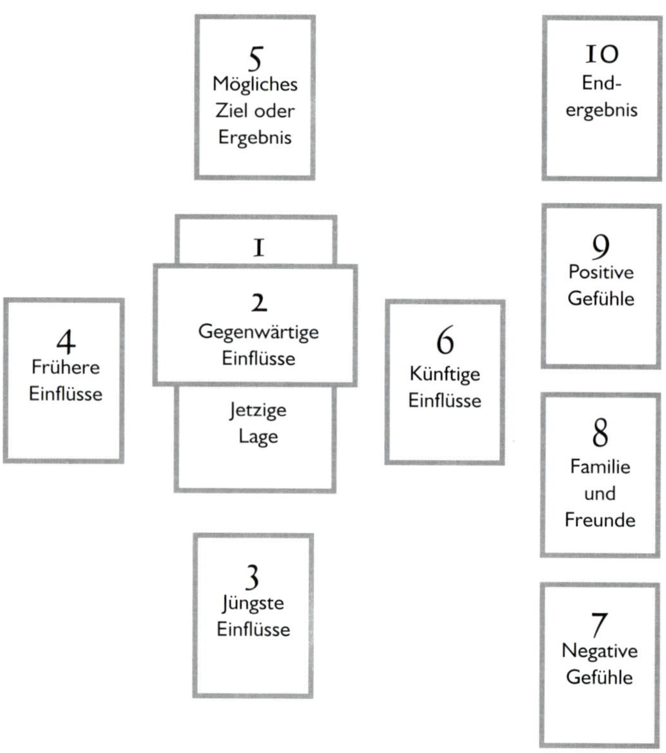

EMPFOHLENE DEUTUNG

I Aufrechte oder umgekehrte Acht
Sie müssen die Wahrheit sehen und akzeptieren.

2 Aufrechte oder umgekehrte Acht
Reise zu einem neuen Ziel, seelisch oder körperlich.

3 Aufrechte Acht
Sie benötigen Geld und können es durch harte Arbeit verdienen.
Umgekehrte Acht
Sie sind unzufrieden. Vergangene Erfolge zählen nicht.

4 Aufrechte Acht
Sie wollen etwas verändern, kennen aber die richtige Richtung nicht.
Umgekehrte Acht
Sie müssen den tieferen Sinn des Lebens ergründen.

5 Aufrechte Acht
Neue Erfahrungen und neue Aktivitäten bringen neue Freunde und Glück.
Umgekehrte Acht
Andere sollten Ihre persönlichen Entscheidungen nicht beeinflussen.

6 Aufrechte Acht
Eine Reise wird Ihre Einstellung zum Leben verändern.
Umgekehrte Acht
Der falsche Moment für Änderungen.

7 Aufrechte Acht
Tiefere Einsicht durch Schmerz und Enttäuschung.
Umgekehrte Acht
Mehr Gelassenheit, weil Ihre seelische Abhängigkeit nachläßt.

8 Aufrechte Acht
Eine neue Liebe.
Umgekehrte Acht
Gefühle erstarren, wenn Sie Ihr Inneres zu sehr beschützen.

9 Aufrechte Acht
Eine erfreuliche Zukunft.
Umgekehrte Acht
Eine Enttäuschung in der Liebe fördert die spirituelle Entwicklung.

IO Aufrechte Acht
Freude durch Erfolg.
Umgekehrte Acht
Hören Sie auf, wahllos zu geben. Lernen Sie, nein zu sagen.

Sieben der KELCHE

Wenn Sie richtig entscheiden, wird ein Traum wahr. Diese Karte verweist auch auf eine Begabung, auf mystische Erlebnisse und unerwartete Ereignisse, die Glück bringen. Die umgekehrte Karte warnt vor unrealistischen Zielen, Energieverschwendung und Mangel an Selbstvertrauen.

EMPFOHLENE DEUTUNG

1 Aufrechte oder umgekehrte Sieben
Bei richtiger Entscheidung kann sich ein Traum erfüllen.

2 Aufrechte oder umgekehrte Sieben
Überraschender Lohn für intellektuelle oder schöpferische Tätigkeit.

3 Aufrechte Sieben
Widerstreitende Interessen. Entscheiden Sie sich.
Umgekehrte Sieben
Eine schwierige Entscheidung. Seien Sie realistisch.

4 Aufrechte Sieben
Verzichten Sie auf Tagträume – handeln Sie.
Umgekehrte Sieben
Fleißige Arbeit wird belohnt.

5 Aufrechte Sieben
Erfolg wird rasch zunichte, wenn Sie nicht am Ball bleiben.
Umgekehrte Sieben
Vertrauen Sie Ihren Fähigkeiten gegen allen Widerstand.

6 Aufrechte Sieben
Unentschlossenheit verzögert den Erfolg.
Umgekehrte Sieben
Erfolg bei starkem Willen und Entschlossenheit.

7 Aufrechte Sieben
Selbsttäuschung und vergeudete Talente führen zum Scheitern.
Umgekehrte Sieben
Seien Sie beharrlich, und bleiben Sie Ihrer Idee treu bis zum Erfolg.

8 Aufrechte Sieben
Seien Sie ehrlich und realistisch bei einer emotionalen Entscheidung.
Umgekehrte Sieben
Teilen Sie Ihren Traum mit dem Partner, und hören Sie auf seinen Rat.

9 Aufrechte Sieben
Schüchternheit und mangelndes Selbstvertrauen verhindern den Erfolg.
Umgekehrte Sieben
Erfreulicher Wandel durch ein unerwartetes Ereignis.

10 Aufrechte Sieben
Sie brauchen Beharrlichkeit, Ehrlichkeit zu sich selbst und Pragmatismus, um Ihr Ziel zu erreichen.
Umgekehrte Sieben
Geschick, Selbsterkenntnis und eine kluge Wahl verwirklichen einen Traum.

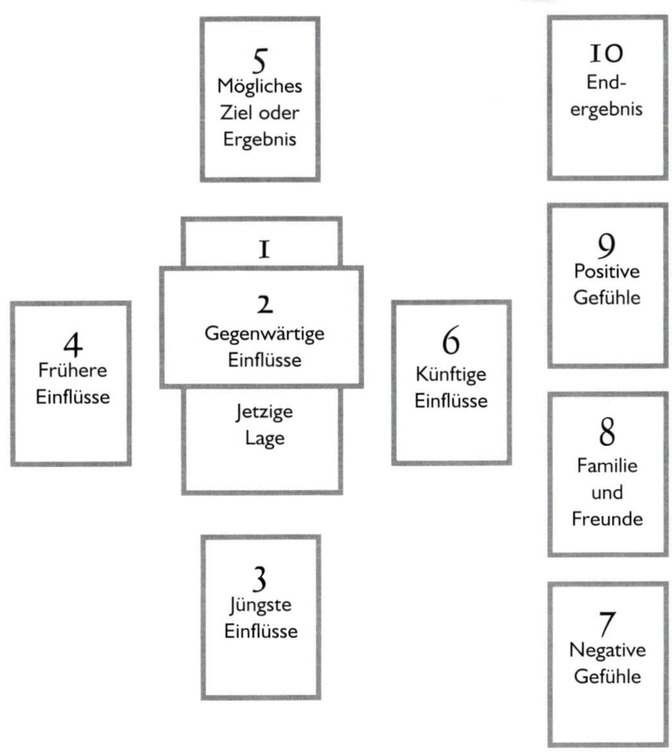

Sechs der KELCHE

Diese Karte stellt einen Bezug zur Vergangenheit her und verspricht Chancen. Ein alter Freund oder Geliebter taucht wieder auf, oder es entsteht eine neue Freundschaft, die an die Vergangenheit anknüpft. Auf dem Kopf stehend, enthüllt die Karte Unreife oder Unangenehmes.

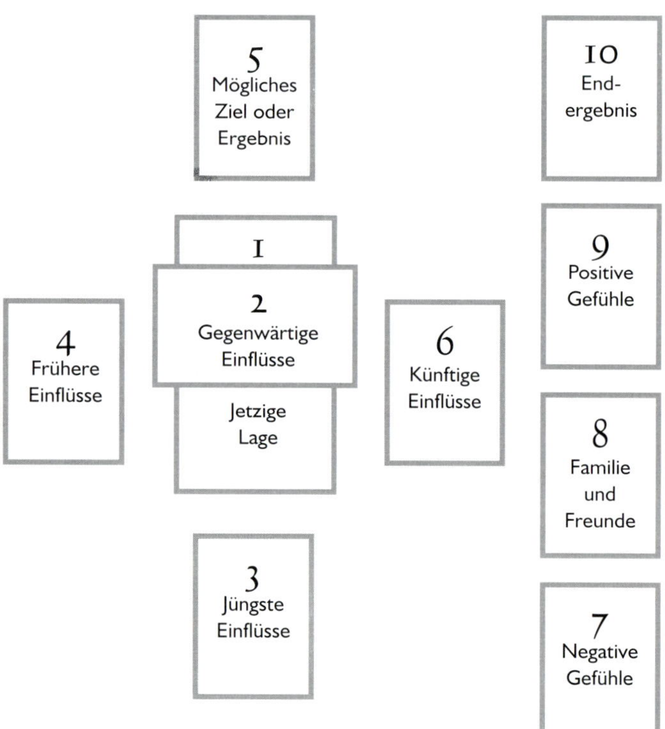

EMPFOHLENE DEUTUNG

1 Aufrechte oder umgekehrte Sechs
Frühere Taten oder Einflüsse wirken sich günstig aus.

2 Aufrechte oder umgekehrte Sechs
Gewinn aus der Vergangenheit oder baldige Erbschaft.

3 Aufrechte Sechs
Eine unschuldige, unkritische Liebe wird erwidert.
Umgekehrte Sechs
Sie können sich einer neuen Situation nicht anpassen, weil Sie nicht erwachsen werden wollen.

4 Aufrechte Sechs
Früherer Einsatz trägt jetzt Früchte.
Umgekehrte Sechs
Pläne scheitern, wenn Sie sich nicht an die Zeit anpassen.

5 Aufrechte Sechs
Aus alten Träumen werden neue Lebensziele.
Umgekehrte Sechs
Um Erfolg zu haben, müssen Sie die Vergangenheit realistisch sehen.

6 Aufrechte Sechs
Neues Wissen und alte Fähigkeiten bringen neue Chancen und Freude.
Umgekehrte Sechs
Ihr Mut wird auf die Probe gestellt, aber der Erfolg kommt.

7 Aufrechte Sechs
Alte Freunde bringen gute Nachrichten oder Geschenke.
Umgekehrte Sechs
Sie müssen ein Vorhaben oder eine Reise aufschieben.

8 Aufrechte Sechs
Sie finden einen neuen Freund, mit dem Sie viel gemeinsam haben.
Umgekehrte Sechs
Sie wollen einer unangenehmen Situation oder Beziehung entkommen.

9 Aufrechte Sechs
Neue Einsichten durch die Analyse alter Träume.
Umgekehrte Sechs
Ein alter Konflikt wird bald beigelegt.

10 Aufrechte Sechs
Ein alter Wunsch erfüllt sich.
Umgekehrte Sechs
Kleine Enttäuschung oder Verzögerung von Finanziellem.

Fünf der KELCHE

Diese Karte kündigt das Ende des alten Lebens an, aber auch aufregende Entwicklungen in naher Zukunft. Sie kann dazu auffordern, eine Lage neu zu bewerten. Auf dem Kopf stehend, ist sie günstiger: Geschenke, die Rückkehr eines alten Freundes, Risse lassen sich kitten.

EMPFOHLENE DEUTUNG

1 Aufrechte oder umgekehrte Fünf
Ziehen Sie vor einer wichtigen Veränderung erst Bilanz.

2 Aufrechte oder umgekehrte Fünf
Erforschen und prüfen Sie neue Alternativen.

3 Aufrechte Fünf
Unzufriedenheit oder Verlust erwecken den Wunsch, Neues auszuprobieren.
Umgekehrte Fünf
Trauern Sie der Vergangenheit nicht nach.

4 Aufrechte Fünf
Trauer wegen unerfüllter Erwartungen.
Umgekehrte Fünf
Überwinden Sie Ihre Enttäuschung, beginnen Sie neu.

5 Aufrechte Fünf
Eine Lebensphase endet, eine neue beginnt.
Umgekehrte Fünf
Jetzt können Sie Risse kitten und neu anfangen.

6 Aufrechte Fünf
Reue nach einer falschen Entscheidung oder Tat.
Umgekehrte Fünf
Lernen Sie aus Fehlern.

7 Aufrechte Fünf
Sie sehen das Gute nicht, weil Sie sich nur mit dem Schlechten beschäftigen.
Umgekehrte Fünf
Denken Sie über einen neuen Beruf oder einen Umzug nach.

8 Aufrechte Fünf
Eine Freundschaft oder Romanze ohne wahre Liebe muß scheitern.
Umgekehrte Fünf
Ein frohes Wiedersehen mit einem alten Freund oder Geliebten.

9 Aufrechte Fünf
Kummer führt zu innerem Aufruhr und Verlust des Gleichgewichts.
Umgekehrte Fünf
Sie haben Erfolg, wenn Sie die Lage realistisch sehen.

10 Aufrechte Fünf
Nach einem Verlust bleibt etwas Wertvolles übrig.
Umgekehrte Fünf
Ein glückliches neues Bündnis oder eine Erbschaft.

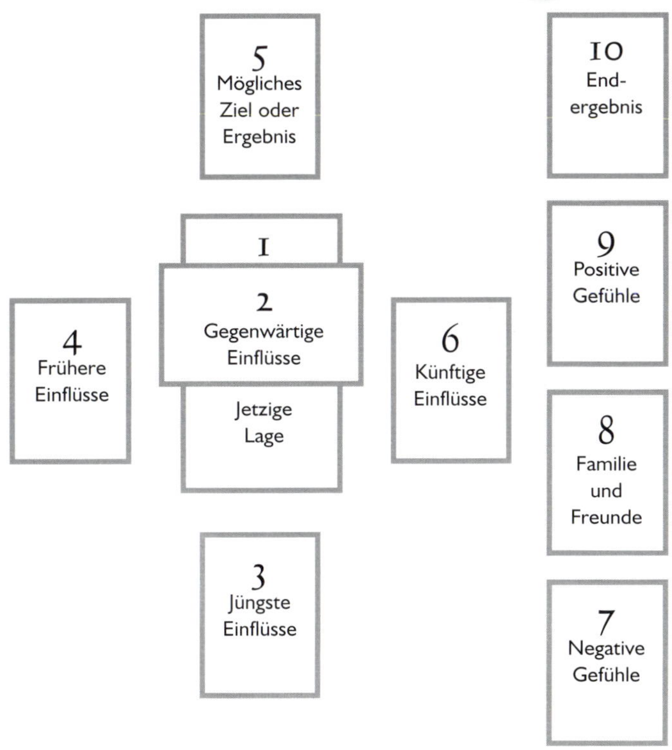

Vier der KELCHE

Diese Karte ist als »göttliche Unzufriedenheit« bekannt. Sie enthüllt den Wunsch nach einer neuen Richtung oder, wenn sie auf dem Kopf steht, Furcht vor dem Neuen oder unrealistische Erwartungen, die Enttäuschung auslösen.

EMPFOHLENE DEUTUNG

1 Aufrechte oder umgekehrte Vier
Bewerten Sie vergangene Erfolge neu.

2 Aufrechte oder umgekehrte Vier
Sie suchen nach neuen Wegen und kommen voran.

3 Aufrechte Vier
Unzufriedenheit mit den Verhältnissen löst Verlangen nach Wandel aus.
Umgekehrte Vier
Erkennen Sie, daß Wut auf Angst und Unsicherheit zurückgehen kann.

4 Aufrechte Vier
Sie versuchen, alte Probleme neu zu lösen, und haben Erfolg.
Umgekehrte Vier
Mit vernünftigen Ideen und harter Arbeit haben Sie Erfolg.

5 Aufrechte Vier
Ein positiver Wandel steht bevor.
Umgekehrte Vier
Zaudern angesichts einer neuen Herausforderung kann zum Mißerfolg führen.

6 Aufrechte Vier
Planen Sie, blicken Sie nach vorne. Etwas Neues kündigt sich an.
Umgekehrte Vier
Groll oder Wut können zu einer Niederlage führen.

7 Aufrechte Vier
Spirituelle Befriedigung dank gründlicher, realistischer Analyse Ihrer Beziehungen.
Umgekehrte Vier
Einmischung kann ein emotionales Band zerschneiden.

8 Aufrechte Vier
Güte und Hilfe von Freunden und Angehörigen.
Umgekehrte Vier
Unrealistische Erwartungen schüren verborgenen Groll in einer Beziehung.

9 Aufrechte Vier
Neue Kontakte, Beziehungen und Ziele.
Umgekehrte Vier
Hilfe abzulehnen kann Chancen zunichte machen.

10 Aufrechte Vier
Aufregendes geschieht nach einer Verzögerung.
Umgekehrte Vier
Stagnation, bevor sich neue Chancen bieten.

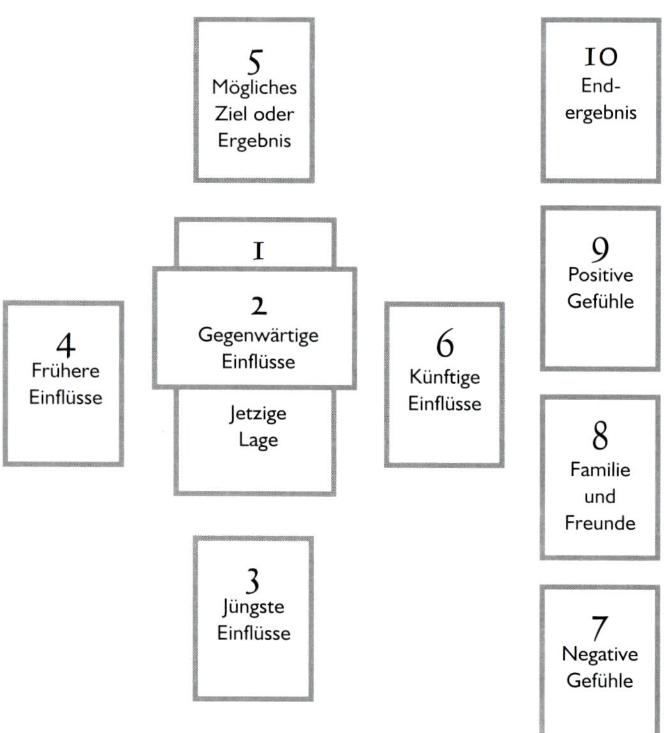

Drei der KELCHE

Diese Karte steht für ein erfülltes Gefühlsleben, eine neue Phase, ein entdecktes schöpferisches Talent, Glück oder Sieg. Wenn sie umgekehrt ist, warnt sie vor Völlerei, dem Grübeln über Niederlagen sowie der Verschwendung von Energie und Talenten.

EMPFOHLENE DEUTUNG

1 Aufrechte oder umgekehrte Drei
Wunden heilen, Falsches wird berichtigt.

2 Aufrechte oder umgekehrte Drei
Ein neues Kapitel im Leben beginnt.

3 Aufrechte Drei
Es lohnt sich, das Leben gründlicher zu erforschen.
Umgekehrte Drei
Sie müssen flexibel und diszipliniert sein, um unwillkommene Veränderungen zu bewältigen.

4 Aufrechte Drei
Schlummernde Talente kommen ans Licht.
Umgekehrte Drei
Entwickeln Sie neue Interessen, um Ihren Horizont zu erweitern.

5 Aufrechte Drei
Vertrauen bringt emotionale Erfüllung.
Umgekehrte Drei
Es ist schmerzlich, zu oft an Vergangenes zu denken.

6 Aufrechte Drei
Echte Liebe zur Gemeinschaft und der Wunsch, anderen zu helfen.
Umgekehrte Drei
Meiden Sie spirituelle Beziehungen nicht, arbeiten Sie daran.

7 Aufrechte Drei
Eine Familienfeier macht Sie glücklich.
Umgekehrte Drei
Völlerei löst Langeweile und Unzufriedenheit aus.

8 Aufrechte Drei
Eine Geburt oder eine neue Lebensweise.
Umgekehrte Drei
Sex ohne Liebe macht einsam und unzufrieden.

9 Aufrechte Drei
Guter Ausgang eines Projekts.
Umgekehrte Drei
Ein eifersüchtiger Freund versucht, Ihr Selbstvertrauen zu untergraben.

10 Aufrechte Drei
Liebe und Erfüllung.
Umgekehrte Drei
Selbstmitleid ist Zeitvergeudung.

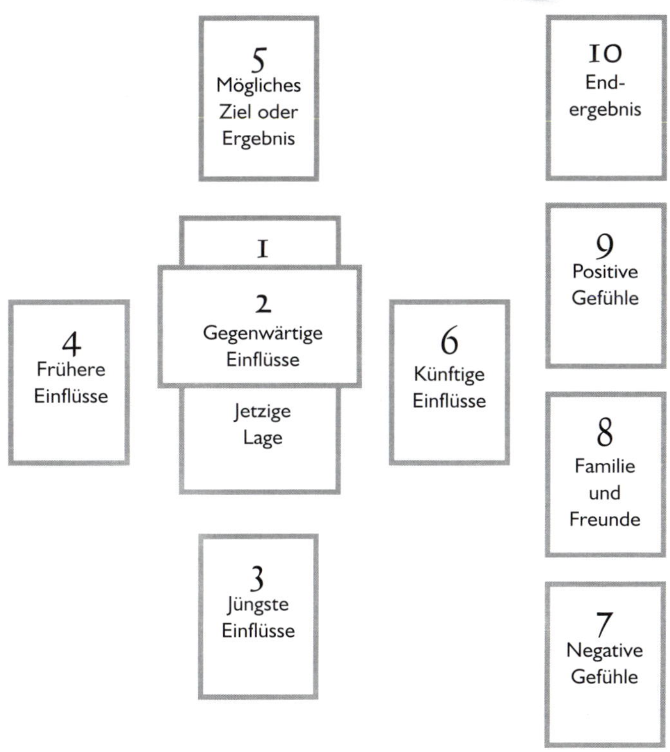

Zwei der KELCHE

Diese Karte verspricht eine Begegnung mit einem gleichgesinnten Menschen und den Beginn einer Freundschaft oder Liebe. Sie kündigt das Ende einer Rivalität oder eine freudige Überraschung an. Die umgekehrte Karte warnt vor Mißverständnissen und destruktivem Stolz.

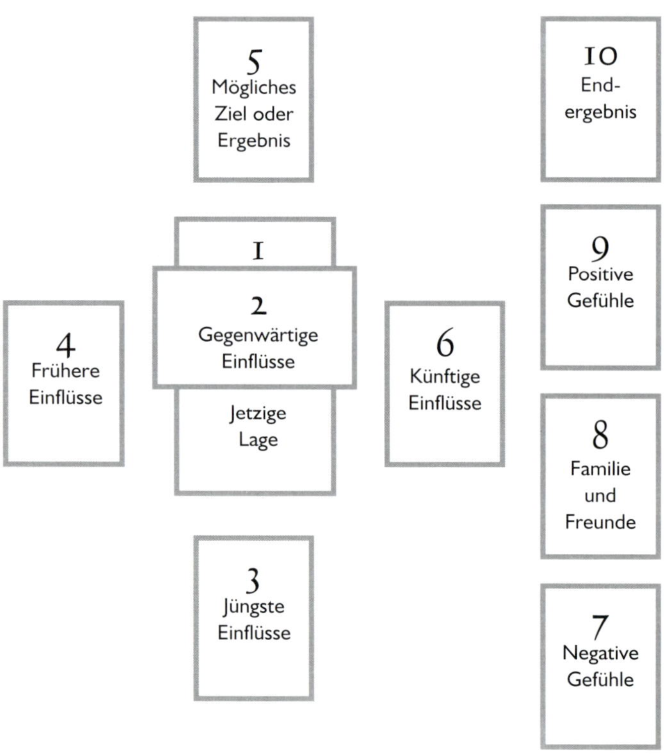

EMPFOHLENE DEUTUNG

1 Aufrechte oder umgekehrte Zwei
Eine gefühlsgeladene Begegnung mit einem Gleichgesinnten.

2 Aufrechte oder umgekehrte Zwei
Eine liebevolle Vereinigung oder Partnerschaft.

3 Aufrechte Zwei
Eine unerwartete Entwicklung verändert ein Geschäft oder eine Partnerschaft positiv.
Umgekehrte Zwei
Ein Streit wird bald vernünftig beigelegt.

4 Aufrechte Zwei
Versöhnung ermöglicht Fortschritte.
Umgekehrte Zwei
Trennung wegen eines Interessenkonflikts.

5 Aufrechte Zwei
Sie unterzeichnen einen günstigen Vertrag.
Umgekehrte Zwei
Finanzielle Erwartungen erfüllen sich nicht ganz oder erst später.

6 Aufrechte Zwei
Ein Partner hilft Ihnen, Ziele zu erreichen.
Umgekehrte Zwei
Versuchen Sie, den anderen zu verstehen, um Streit zu vermeiden.

7 Aufrechte Zwei
Freude durch überraschende Neuigkeiten oder ein Geschenk.
Umgekehrte Zwei
Wenn Sie Vollkommenheit fordern, zerstören Sie eine Beziehung.

8 Aufrechte Zwei
Tiefes Verständnis zwischen zwei Menschen.
Umgekehrte Zwei
Scheidung oder plötzliche Trennung.

9 Aufrechte Zwei
Sie werden seelisch ausgeglichen und selbstgenügsam.
Umgekehrte Zwei
Sie verlieren einen Freund, weil Sie ihn besitzen wollen.

10 Aufrechte Zwei
Große Zuneigung und Verständnis zwischen zwei Gleichgesinnten.
Umgekehrte Zwei
Sie verstehen die wahren Gefühle eines anderen nicht.

As der Kelche

Das As der Kelche kündigt große Freude und künstlerische Inspiration an. Es macht Aussagen über Heim und Besitz und ist, wenn es mit anderen Karten der Liebe erscheint, ein Zeichen für wahre Liebe. Auf dem Kopf stehend, enthüllt es Egoismus, falsche Liebe und Vorbehalte.

Empfohlene Deutung

1 **Aufrechtes oder umgekehrtes As**
Sie werden spirituell und emotional aufgerichtet.

2 **Aufrechtes oder umgekehrtes As**
Gute Nachrichten bringen Freude.

3 **Aufrechtes As**
Schöpferisches und unternehmerisches Talent.
Umgekehrtes As
Völlerei führt zu Trägheit und verpaßten Chancen.

4 **Aufrechtes As**
Sie werden produktiver, weil Sie Liebe schenken.
Umgekehrtes As
Unerwiderte Zuneigung macht Sie einsam und unsicher.

5 **Aufrechtes As**
Freude durch eine neue Liebe oder ein neues Heim.
Umgekehrtes As
Achten Sie in rechtlichen Dingen auf Details.

6 **Aufrechtes As**
Eine erfreuliche Lösung eines emotionalen Problems.
Umgekehrtes As
Vorbehalte gegen liebevolle Gefühle.

7 **Aufrechtes As**
Eine neue Phase in einer häuslichen Angelegenheit.
Umgekehrtes As
Seelische Probleme führen zu Verlusten.

8 **Aufrechtes As**
Wahre Freundschaft und Liebe, weil beide Partner gleichermaßen geben und nehmen.
Umgekehrtes As
Sie legen zuviel Wert auf äußere Schönheit.

9 **Aufrechtes As**
Zunehmende spirituelle Bewußtheit gibt dem Leben neuen Sinn.
Umgekehrtes As
Egozentrizität kann eine Beziehung zerstören.

10 **Aufrechtes As**
Eine liebevolle Partnerschaft bringt reichen Lohn.
Umgekehrtes As
Spirituelles Wachstum durch wahre Selbstliebe.

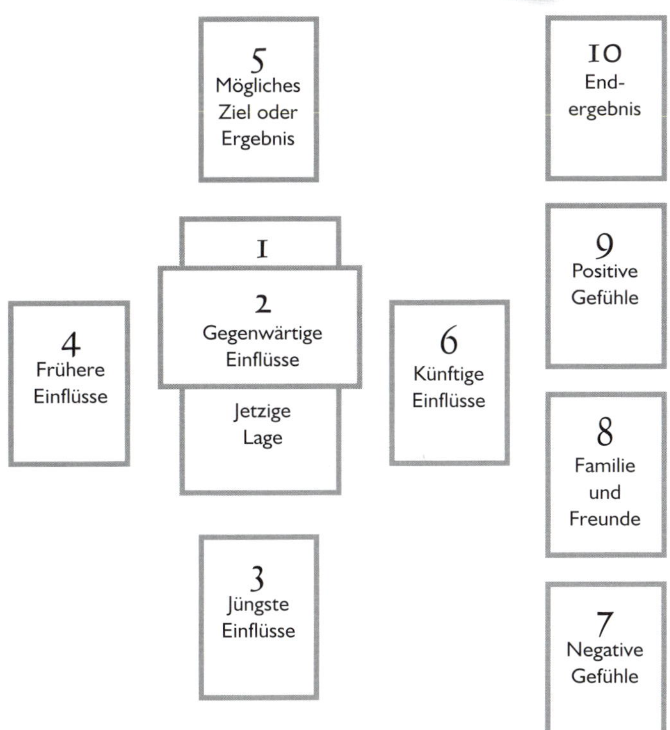

Serie der Stäbe

Auf alten Karten sind die Stäbe als dicke, belaubte Äste dargestellt – ein Symbol des Wachstums und der Erneuerung. Es überrascht daher nicht, daß diese Serie etwas mit Stärke, Ausdauer, Karriere, Expansion, Reisen und bleibenden Werten zu tun hat. Stäbe sind aber auch mit dem Feuer verbunden, von dem man einst glaubte, es entstehe spontan aus dem Nichts und könne jede Materie transformieren, ohne sich selbst zu verändern. Feuer ist ein Katalysator, vergleichbar mit der Flamme der Phantasie, die die Realität umformen und ihr eine tiefere Bedeutung geben kann. Stärke in schwierigen Situationen ist das Hauptthema dieser Serie, die darauf deutet, daß eine Arbeit bleibende Ergebnisse zeitigt. Die Stäbe entsprechen den Kreuzen herkömmlicher Kartenspiele, und bei beiden gilt die Neun als günstigste Karte.

Positive Aspekte

Schöpferische Integrität
*
Sicherheit
*
Gute Beziehungen
*
Gelassenheit
*
Innere Entwicklung
*

Negative Aspekte

Gestörte Arbeit

Verrat

Faulheit

Unwissenheit

Romantische Eifersucht

König der STÄBE

Der König der Stäbe ist ein integrer, mutiger Führer, ein Mann über 35 mit Begeisterung, der schöpferisch wie auch finanziell erfolgreich sein kann. Er ist jedoch ein schlechter Verlierer und bisweilen egoistisch. Diese Karte kündigt auch Erfolg und eine unerwartete Heirat an.

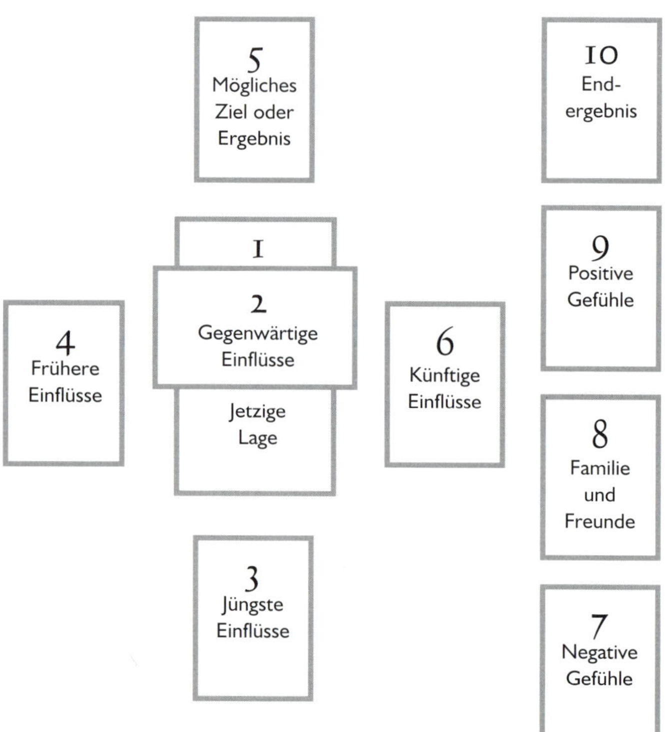

EMPFOHLENE DEUTUNG

1 Aufrechter oder umgekehrter König
Ein starker, treuer, gewissenhafter Führer, manchmal herrisch, ermöglicht einen überraschenden geschäftlichen Erfolg.

2 Aufrechter oder umgekehrter König
Jemand unterstützt Ihre Ideen, und Sie haben unerwarteten Erfolg.

3 Aufrechter König
Es bietet sich eine Chance, weil Sie Ihre Ideen erfolgreich vertreten haben.
Umgekehrter König
Handeln Sie erst, wenn Sie alle Informationen überprüft haben.

4 Aufrechter König
Inspirierende, kreative Ideen begeistern andere.
Umgekehrter König
Machtgier ist gefährlich.

5 Aufrechter König
Ihre Führungsqualitäten werden anerkannt.
Umgekehrter König
Hören Sie als erster auf zu streiten.

6 Aufrechter König
Starke Überzeugung und die Fähigkeit, neue Ideen zu verwirklichen.
Umgekehrter König
Intoleranz belastet berufliche Beziehungen.

7 Aufrechter König
Erfolg durch Begeisterung und Geschick.
Umgekehrter König
Hüten Sie sich vor einem schnellen Urteil.

8 Aufrechter König
Sie wollen anderen helfen.
Umgekehrter König
Manchmal übersehen Sie materielle Probleme und schaden anderen dadurch.

9 Aufrechter König
Ein aufregendes neues Leben dank neuer Ideen.
Umgekehrter König
Manchmal tut es gut, Fehler einzuräumen.

10 Aufrechter König
Geschäftlicher und finanzieller Erfolg.
Umgekehrter König
Mißerfolg, weil Sie die seelischen Bedürfnisse anderer für unwichtig halten.

Königin der STÄBE

Die Königin der Stäbe ist eine offenherzige, beschützende Frau mit starkem Willen. Sie ist selbstsicher, unabhängig und oft künstlerisch begabt, kann jedoch auch herrisch, engstirnig, verbittert und überkritisch sein. Diese Karte verspricht schöpferischen oder geschäftlichen Erfolg.

EMPFOHLENE DEUTUNG

1 Aufrechte oder umgekehrte Königin
Eine großzügige, tolerante, freundliche Frau hilft Ihnen und berät Sie.

2 Aufrechte oder umgekehrte Königin
Eine Frau berät Sie und hilft Ihnen privat, beruflich oder finanziell.

3 Aufrechte Königin
Geduld und Toleranz schaffen günstige Bedingungen zu Hause und am Arbeitsplatz.
Umgekehrte Königin
Zu starke Abhängigkeit zerstört eine Romanze.

4 Aufrechte Königin
Finanzielle Stabilität dank kluger geschäftlicher Entscheidungen.
Umgekehrte Königin
Die Weigerung, Fehler einzuräumen, kann Beziehungen vergiften.

5 Aufrechte Königin
Ihre Großzügigkeit macht sich jetzt bezahlt.
Umgekehrte Königin
Eine Freundin braucht Hilfe.

6 Aufrechte Königin
Erfolg dank des Rates einer fähigen Frau.
Umgekehrte Königin
Machen Sie geliebte Menschen nicht abhängig.

7 Aufrechte Königin
Vertrauen Sie Ihrer Intuition.
Umgekehrte Königin
Eifersucht, die Folge eines Minderwertigkeitsgefühls, kann Erfolg zunichte machen.

8 Aufrechte Königin
Ein Freund hilft uneigennützig.
Umgekehrte Königin
Halten Sie Ihre Gefühle im Zaum.

9 Aufrechte Königin
Erfolg, vor allem finanzieller Art.
Umgekehrte Königin
Verlieren Sie nicht den Glauben an Ihre Fähigkeiten.

10 Aufrechte Königin
Ruhiges Familienleben und Wohlstand.
Umgekehrte Königin
Geben Sie sich selbst und Ihren Herzenswunsch nicht auf.

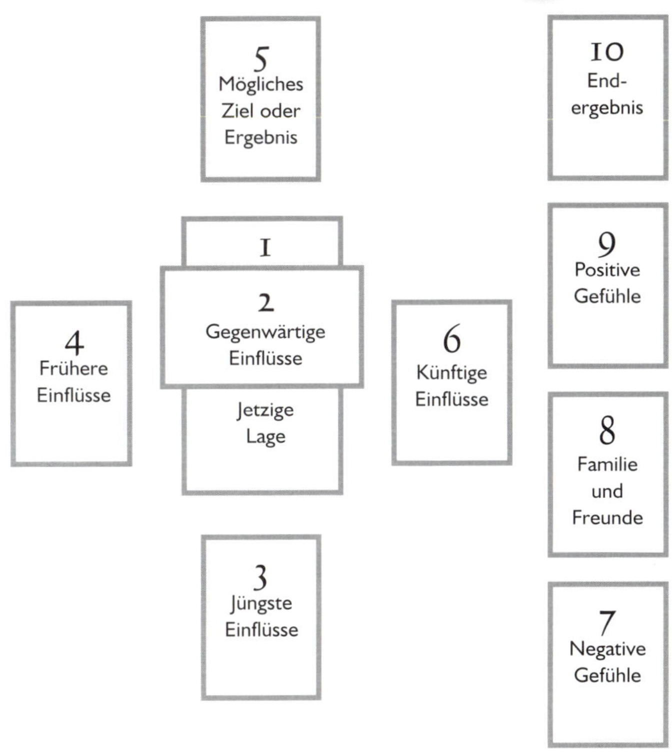

Ritter der STÄBE

Der Ritter der Stäbe ist 21 bis 35 Jahre alt, impulsiv, phantasievoll und charmant. Er liebt das Neue und Reisen. Die Karte kann Eifersucht eines Geliebten, eine Störung bei der Arbeit, fehlende Energie, einen Umzug, eine weite Reise oder geschäftliche Rivalität bedeuten.

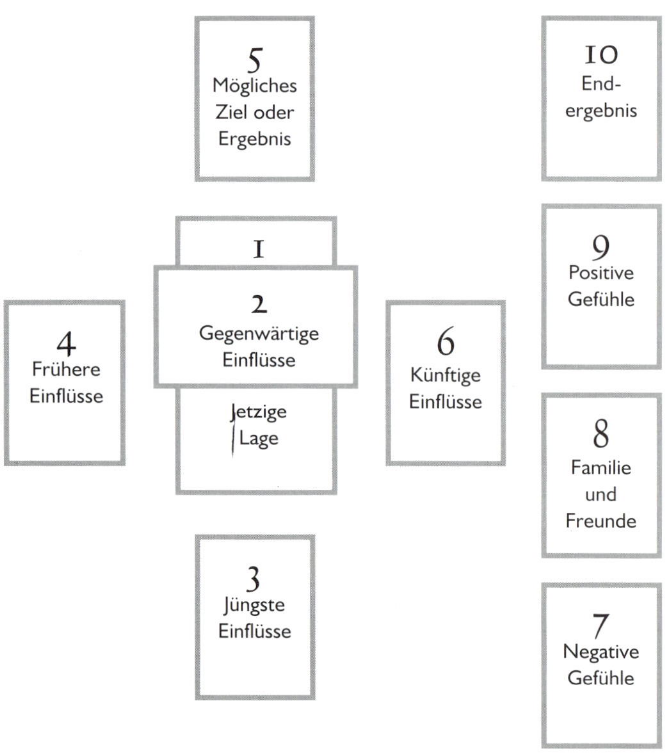

EMPFOHLENE DEUTUNG

1 Aufrechter oder umgekehrter Ritter
Ein aufregender junger Mann, dessen Worte man nicht zu ernst nehmen darf, bringt eine frische Brise in Ihr Leben.

2 Aufrechter oder umgekehrter Ritter
Ein plötzlicher Entschluß, der eine längere Reise oder einen Umzug mit sich bringen kann.

3 Aufrechter Ritter
Sie spüren, daß Sie eine Veränderung brauchen.
Umgekehrter Ritter
Sie sehnen sich nach Abenteuern.

4 Aufrechter Ritter
Streit und Rivalität im Beruf oder Geschäft.
Umgekehrter Ritter
Sie haben zu viele Eisen im Feuer. Konzentrieren Sie sich auf eines.

5 Aufrechter Ritter
Vertrauen Sie Ihrer inneren Stimme – die Folge ist Stabilität.
Umgekehrter Ritter
Sie fürchten sich, Gefühle zu äußern.

6 Aufrechter Ritter
Neue Herausforderungen nach einem plötzlichen Entschluß.
Umgekehrter Ritter
Sorglosigkeit führt zu einem Verlust.

7 Aufrechter Ritter
Eine unerwartete Romanze. Behalten Sie einen klaren Kopf!
Umgekehrter Ritter
Die Sehnsucht nach einem besseren Leben macht unzufrieden.

8 Aufrechter Ritter
Unerwartetes Geld erfüllt einen Wunsch.
Umgekehrter Ritter
Ein Streit wegen eines jungen Menschen oder mit ihm.

9 Aufrechter Ritter
Harmonisches Familienleben.
Umgekehrter Ritter
Größere Einsicht zeigt den wahren Weg zur Erfüllung.

10 Aufrechter Ritter
Eine neue Lebensweise bringt Glück und Geld.
Umgekehrter Ritter
Eine lange Reise zeigt, daß ferne Wiesen nicht immer grüner sind als die eigenen.

Bube der STÄBE

Der Bube der Stäbe ist ein spiritueller junger Mensch unter 21. Er hat ein großes Potential, sich jedoch noch nicht entschieden. Diese Karte verspricht gute finanzielle Neuigkeiten oder inspirierende Ideen. Sie kann auch Grausamkeit, Instabilität und Angst vor Unterdrückung bedeuten.

EMPFOHLENE DEUTUNG

1 Aufrechter oder umgekehrter Bube
Ein junger Mensch mit guten Absichten bringt gute Neuigkeiten. Sie betreffen die Arbeit, vor allem schöpferische.

2 Aufrechter oder umgekehrter Bube
Eine freudige Nachricht.

3 Aufrechter Bube
Finanzieller Erfolg.
Umgekehrter Bube
Ihre Pläne könnten unrealistisch sein. Überprüfen Sie sie.

4 Aufrechter Bube
Ihre Kreativität regt sich wieder.
Umgekehrter Bube
Sie sind unruhig und können sich nicht entscheiden.

5 Aufrechter Bube
Plötzlicher finanzieller Erfolg dank neuer Methoden.
Umgekehrter Bube
Wenn Sie andere beherrschen wollen, gefährden Sie Partnerschaften.

6 Aufrechter Bube
Gute Aussichten dank guter Nachrichten.
Umgekehrter Bube
Spirituelle Erleuchtung durch eine neue Bekanntschaft.

7 Aufrechter Bube
Blicken Sie in Ihr Inneres; dort finden Sie Sicherheit.
Umgekehrter Bube
Mangel an Selbsterkenntnis kann zu Fehlern führen.

8 Aufrechter Bube
Gute Nachrichten von einem Freund oder Partner.
Umgekehrter Bube
Schlechte Nachrichten in Form von Klatsch.

9 Aufrechter Bube
Plötzlicher finanzieller Gewinn.
Umgekehrter Bube
Ihre Ziele könnten unrealistisch sein.

10 Aufrechter Bube
Ein neuer Zyklus nach plötzlicher Eingebung.
Umgekehrter Bube
Eine neue Liebe nach einer unerwarteten Begegnung.

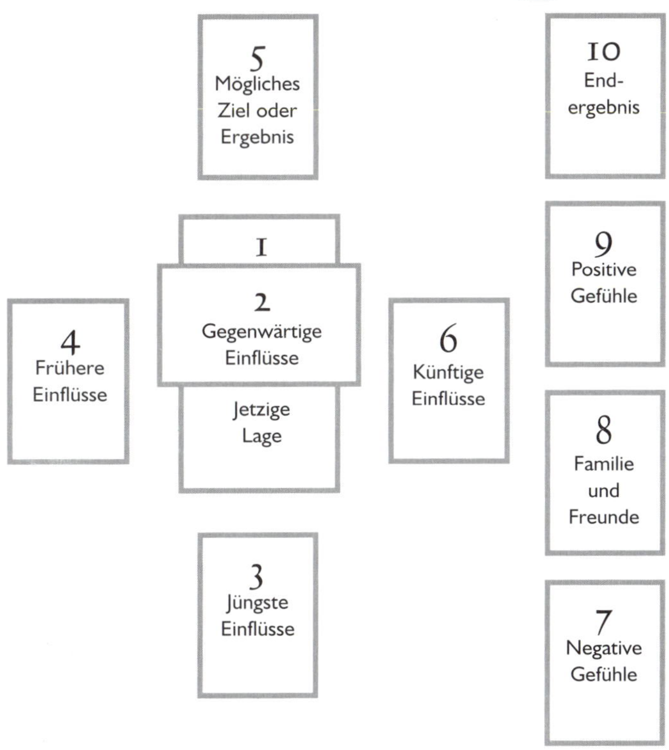

Zehn der STÄBE

Eine Last, die Sie bald abwerfen werden, ist das Thema dieser Karte – zuvor jedoch müssen Sie bestimmte Ideen aufgeben. Sie erleben eine stabile geschäftliche Phase oder reisen. Steht die Karte auf dem Kopf, scheuen Sie Risiken, überschätzen Ihre Fähigkeiten oder täuschen andere.

EMPFOHLENE DEUTUNG

1 Aufrechte oder umgekehrte Zehn
Ein altes Problem wird bald gelöst.

2 Aufrechte oder umgekehrte Zehn
Sie sind entschlossen, ein schwieriges Projekt zu vollenden.

3 Aufrechte Zehn
Sie vertrauen auf Ihre eigene Kraft, um ein Problem zu lösen.
Umgekehrte Zehn
Eine Prüfung läutert die Seele.

4 Aufrechte Zehn
Sie überwinden Ihre negative Einstellung.
Umgekehrte Zehn
Das Herz muß leiden.

5 Aufrechte Zehn
Sie dürfen bald eine Last ablegen und glücklich sein.
Umgekehrte Zehn
Machtmißbrauch hat negative Folgen.

6 Aufrechte Zehn
Erfolg dank geschäftlicher Stabilität.
Umgekehrte Zehn
Verluste, weil Sie Energie egoistisch nutzen.

7 Aufrechte Zehn
Das Ende engstirniger, fixer Ideen.
Umgekehrte Zehn
Angst vor Risiken hemmt den Erfolg.

8 Aufrechte Zehn
Wiedersehen mit einem geliebten Menschen oder Angehörigen.
Umgekehrte Zehn
Eine zu große Belastung zerstört eine Beziehung.

9 Aufrechte Zehn
Eine schwierige Zeit geht zu Ende.
Umgekehrte Zehn
Falsche Werte und unnötige Sorgen bedrücken Sie.

10 Aufrechte Zehn
Sie erreichen ein Ziel, das Ihr Leben verändert.
Umgekehrte Zehn
Sie sind erfolglos, weil Sie alte Vorurteile nicht ablegen wollen.

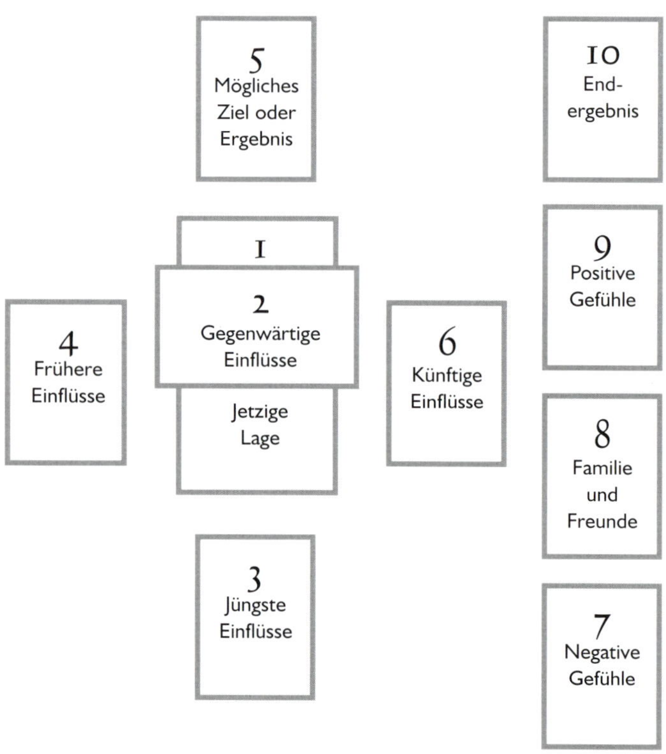

Neun der STÄBE

Dies ist die stärkste Karte der Kleinen Arkana. Sie symbolisiert Triumph nach einer letzten Herausforderung und Sieg durch Stärke und Integrität. Die umgekehrte Stab Neun warnt vor zuviel Vertrauen, Ungeduld und Mangel an Initiative.

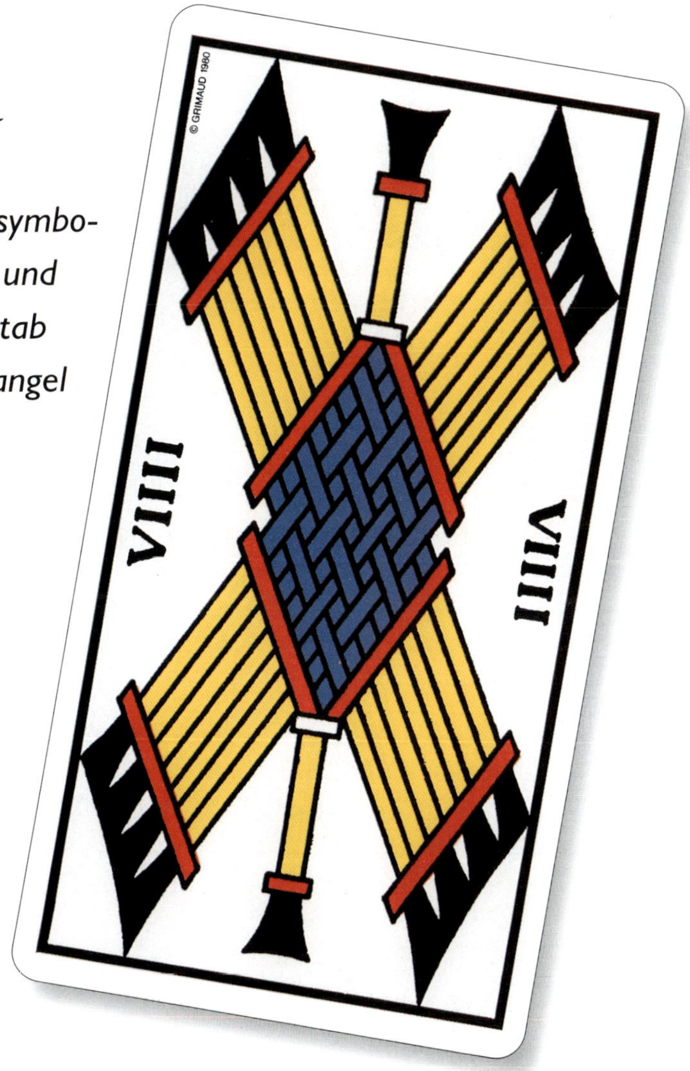

EMPFOHLENE DEUTUNG

1 Aufrechte und umgekehrte Neun
Eine sichere Position. Die Intuition zeigt den Weg. Sie übernehmen die Verantwortung für Ihr Tun und zögern nicht, für Ihre Rechte und die der anderen einzutreten.

2 Aufrechte oder umgekehrte Neun
Triumph nach einer Herausforderung.

3 Aufrechte Neun
Eine stabile Lage nach einem Kampf.
Umgekehrte Neun
Schützen Sie sich selbst vor Wunden.

4 Aufrechte Neun
Ihre Intuition läßt Sie die Reaktionen anderer erkennen und sichert den Erfolg.
Umgekehrte Neun
Seien Sie vorsichtig, wenn Sie mit anderen über neue Ideen oder Probleme reden.

5 Aufrechte Neun
Stetiger, langsamer Fortschritt ist dauerhaft.
Umgekehrte Neun
Mißachten Sie nicht den Rat einer Autorität.

6 Aufrechte Neun
Streit und Arbeitsdruck sind unvermeidlich.
Umgekehrte Neun
Engstirnigkeit und fixe Ideen hemmen den Fortschritt.

7 Aufrechte Neun
Energiereserven und Mut führen zum unerwarteten Sieg.
Umgekehrte Neun
Achten Sie auf Ihre Gesundheit.

8 Aufrechte Neun
Ein Freund hilft und ermutigt.
Umgekehrte Neun
Versteckte Feindseligkeit anderer wird enthüllt.

9 Aufrechte Neun
Nach einer letzten Schlacht ist der Kampf gewonnen.
Umgekehrte Neun
Versuchen Sie ein letztes Mal, Ihr Ziel zu erreichen.

10 Aufrechte Neun
Sieg dank Stärke und Integrität.
Umgekehrte Neun
Der Triumph verzögert sich.

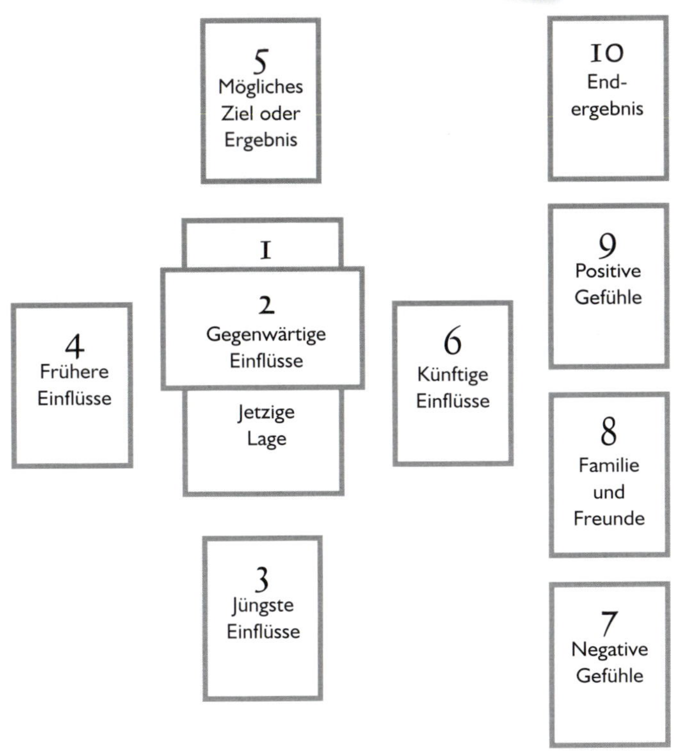

Acht der STÄBE

Plötzlicher Wandel und Fortschritt sind das Hauptthema dieser Karte. Sie kündigt das Ende einer Verzögerung, unerwartete Neuigkeiten und Auslandsreisen an. Sie steht auch für die Pfeile Amors. Die umgekehrte Karte warnt vor Streit, Eifersucht und Gedankenlosigkeit.

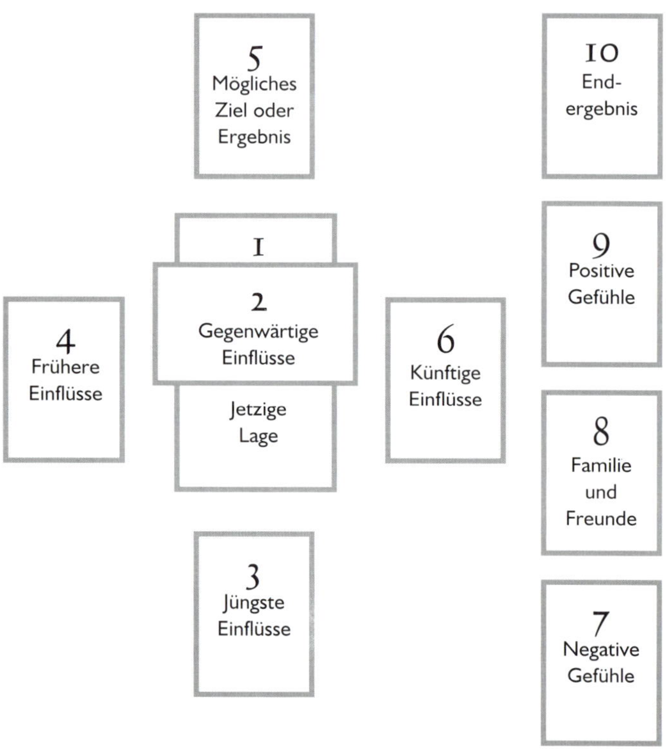

EMPFOHLENE DEUTUNG

1 Aufrechte oder umgekehrte Acht
Es ist Zeit, die Initiative zu ergreifen.

2 Aufrechte oder umgekehrte Acht
Aufregende Neuigkeiten nach einer Phase der Ruhe.

3 Aufrechte Acht
Sie suchen den Wandel und ein neues Lebensziel.
Umgekehrte Acht
Nutzen Sie neue schöpferische Energien klug.

4 Aufrechte Acht
Eine Pause nach dem Kampf.
Umgekehrte Acht
Sie haben sich vorschnell entschieden.

5 Aufrechte Acht
Erfolg durch schnelles Handeln.
Umgekehrte Acht
Plötzliches, gedankenloses Handeln führt zu Problemen.

6 Aufrechte Acht
Eine neue Idee verlangt eine schnelle Entscheidung.
Umgekehrte Acht
Sie müssen sofort ein Gespräch führen, um ein Mißverständnis zu bereinigen.

7 Aufrechte Acht
Sie bewältigen eine Herausforderung rasch.
Umgekehrte Acht
Sie entdecken und besiegen verborgene Feinde schnell.

8 Aufrechte Acht
Liebe kommt plötzlich.
Umgekehrte Acht
Eifersucht schadet einer romantischen Beziehung.

9 Aufrechte Acht
Schneller Erfolg mit einem neuen Projekt.
Umgekehrte Acht
Ein Flug oder geschäftliche Verbindungen nach Übersee.

10 Aufrechte Acht
Erfolg mit einem neuen Projekt.
Umgekehrte Acht
Ein plötzlicher Streit führt zu Verzögerungen.

Sieben der STÄBE

Dies ist die »Lehrer-Karte«. Sie kündigt das Verbreiten von Wissen durch Schreiben und Lehren an und verspricht einen erfolgreichen Berufswechsel und innere Kraft. Auf dem Kopf stehend, warnt sie vor Neid, Rivalität und Unentschlossenheit.

EMPFOHLENE DEUTUNG

1 **Aufrechte und umgekehrte Sieben**
Günstige berufliche Veränderungen.

2 **Aufrechte oder umgekehrte Sieben**
Erfolg nach hartem Kampf.

3 **Aufrechte Sieben**
Beharrlichkeit und Opferbereitschaft waren eine gute Schule.
Umgekehrte Sieben
Sie benötigen mehr Selbstvertrauen, um Ihr Talent voll nutzen zu können.

4 **Aufrechte Sieben**
Der Erfolg kommt langsam, aber sicher.
Umgekehrte Sieben
Neid und Widerstand stärken die Entschlossenheit.

5 **Aufrechte Sieben**
Die letzte große Prüfung ist bestanden.
Umgekehrte Sieben
Betrachten Sie Probleme als Sprossen einer Leiter nach oben.

6 **Aufrechte Sieben**
Vertrauen in die eigenen Fähigkeiten lohnt sich.
Umgekehrte Sieben
Rivalität löst unnötige Angst aus.

7 **Aufrechte Sieben**
Freuen Sie sich über Ihre Talente und Ziele.
Umgekehrte Sieben
Versagen oder Verlust wegen Unentschlossenheit.

8 **Aufrechte Sieben**
In einer kritischen Zeit bekommen Sie Unterstützung.
Umgekehrte Sieben
Ihr Glaube wird auf die Probe gestellt. Geben Sie nicht auf.

9 **Aufrechte Sieben**
Sie haben den Mut und die spirituelle Kraft, um die Richtung zu ändern.
Umgekehrte Sieben
Lassen Sie sich nicht von Mitmenschen beeinflussen, die den Wandel scheuen.

10 **Aufrechte Sieben**
Sie setzen sich wider Erwarten durch und haben Erfolg.
Umgekehrte Sieben
Verzögerungen, weil Sie zuviel auf einmal versuchen.

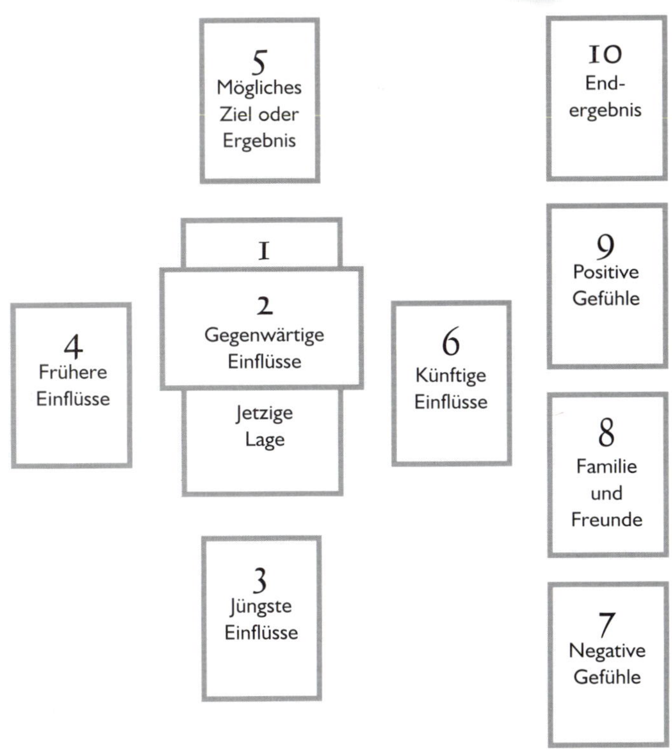

Sechs der STÄBE

Dies ist eine Karte des Triumphes, und wenn Sie auf dem Kopf steht, ist sie nur schwach negativ. Sie kündigt einen Sieg nach einem Kampf, Lob, eine Beförderung und wundervolle Neuigkeiten an. Die umgekehrte Stabsechs warnt vor falschem Stolz und dem Neid der anderen.

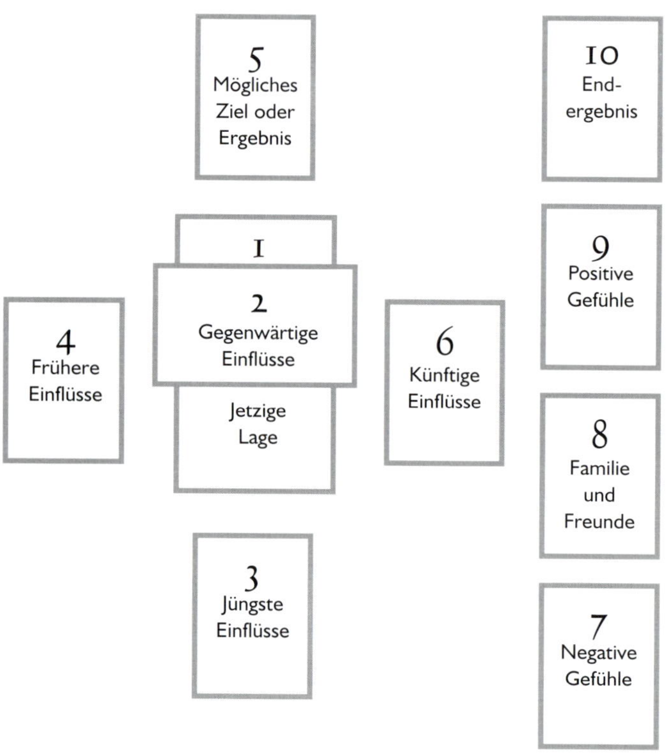

EMPFOHLENE DEUTUNG

1 Aufrechte oder umgekehrte Sechs
Erfolg nach einem Kampf.

2 Aufrechte oder umgekehrte Sechs
Fortschritte nach guten Nachrichten.

3 Aufrechte Sechs
Harte Arbeit oder schöpferische Inspiration.
Umgekehrte Sechs
Jetzt sind vereinte Kräfte notwendig.

4 Aufrechte Sechs
Einsatz und harte Arbeit lohnen sich.
Umgekehrte Sechs
Sie bestehen schwierige Prüfungen und überwinden Widerstand.

5 Aufrechte Sechs
Lohn nach Enttäuschung und Streit.
Umgekehrte Sechs
Der Lohn verzögert sich.

6 Aufrechte Sechs
Sie überwinden Widerstand mit Diplomatie.
Umgekehrte Sechs
Sie erringen mit Gewalt einen Sieg, gewinnen aber nichts dabei.

7 Aufrechte Sechs
Eine schwierige Situation ist bald überwunden.
Umgekehrte Sechs
Enttäuschung über Untreue.

8 Aufrechte Sechs
Hilfe durch einen wertvollen Verbündeten.
Umgekehrte Sechs
Erfolg kann andere neidisch machen.

9 Aufrechte Sechs
Intelligenter und diplomatischer Umgang mit anderen sichert den Erfolg.
Umgekehrte Sechs
Falscher Stolz und Arroganz verhindern, daß Sie die Fähigkeiten anderer sehen.

10 Aufrechte Sechs
Triumph nach vielen Prüfungen und Opfern.
Umgekehrte Sechs
Sie schlagen Feinde in die Flucht und siegen.

Fünf der STÄBE

Diese Karte weist auf große Hindernisse hin, etwa auf einen Streit mit ungünstigen materiellen Folgen. Es kann auch sein, daß Liebe einen Triumph mit sich bringt. Die umgekehrte Karte rät zu Vorsicht bei Verträgen und warnt vor Verbitterung wegen unerfüllter Wünsche.

EMPFOHLENE DEUTUNG

1 Aufrechte oder umgekehrte Fünf
Kampf für ein persönliches Ziel.

2 Aufrechte oder umgekehrte Fünf
Sie müssen Hindernisse überwinden.

3 Aufrechte Fünf
Sie sind ein tapferer Kämpfer und haben viele Siege errungen.
Umgekehrte Fünf
Unzufriedenheit wegen unrealistischer Erwartungen.

4 Aufrechte Fünf
Sie kämpfen mit materiellen Problemen und Hindernissen.
Umgekehrte Fünf
Sie sind unersättlich, weil Sie Kompromisse ablehnen.

5 Aufrechte Fünf
Sie haben hohe Hindernisse überwunden.
Umgekehrte Fünf
Rivalität, vielleicht auch Täuschung durch andere.

6 Aufrechte Fünf
Neue geschäftliche oder kreative Chancen.
Umgekehrte Fünf
Unsicherheit verhindert Erfolge.

7 Aufrechte Fünf
Die Liebe triumphiert über große Hindernisse.
Umgekehrte Fünf
Übereilte, emotionale Entscheidungen führen zum Scheitern.

8 Aufrechte Fünf
Sorgen und Streit wegen vorübergehender Mißverständnisse.
Umgekehrte Fünf
Sie lassen sich möglicherweise von Schwächeren manipulieren.

9 Aufrechte Fünf
Ein Wandel zum Besseren.
Umgekehrte Fünf
Aufgezwungene Einschränkungen verzögern den Erfolg.

10 Aufrechte Fünf
Erfolg durch Mut und Beharrlichkeit.
Umgekehrte Fünf
Sie müssen Kompromisse schließen, bevor Sie glücklich werden.

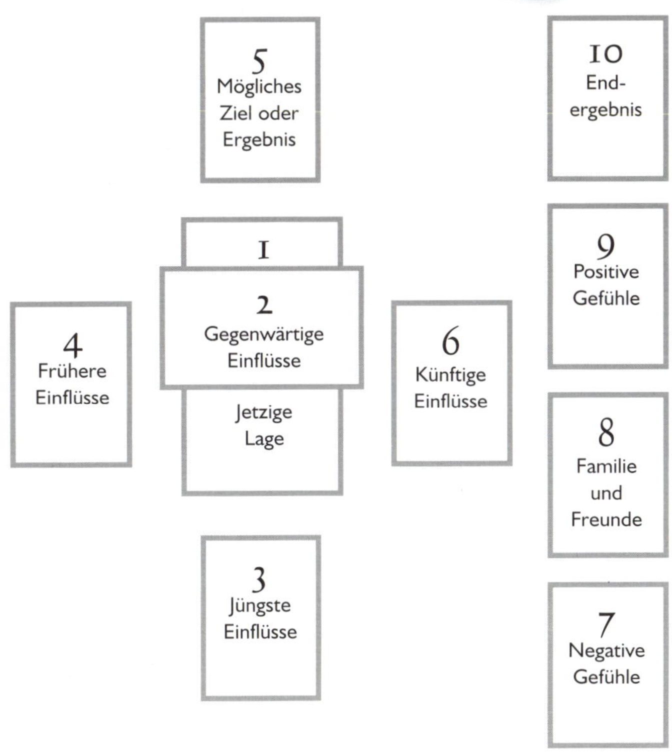

Vier der STÄBE

Dies ist die Karte des begabten Erfinders. Sie steht für Romantik, Harmonie, Frieden und Lohn nach langer Arbeit. Die umgekehrte Stab Vier ist nur schwach negativ; sie enthüllt Verzögerungen und unerfüllte romantische Träume und rät zu finanzieller Vorsicht.

EMPFOHLENE DEUTUNG

1 Aufrechte oder umgekehrte Vier
Schöpferischer Erfolg.

2 Aufrechte oder umgekehrte Vier
Etwas wird vollendet und macht Sie glücklich.

3 Aufrechte Drei
Befriedigung und Erfolg durch Beharrlichkeit.
Umgekehrte Drei
Angst vor Unsicherheit untergräbt das Selbstvertrauen.

4 Aufrechte Vier
Sie erreichen eine neue Ebene der Bewußtheit und streben nach schöpferischem oder unternehmerischem Erfolg.
Umgekehrte Vier
Sie hemmen Ihre Kreativität, weil Sie zu materialistisch sind.

5 Aufrechte Vier
Erfolg mit einem Projekt oder mit einer schöpferischen Idee.
Umgekehrte Vier
Eine unrealistische Einstellung zum Leben hemmt die Kreativität.

6 Aufrechte Vier
Zu handeln und an sich selbst zu glauben bringt Wohlstand.
Umgekehrte Vier
Eine neue Romanze macht Sie glücklich.

7 Aufrechte Vier
Eine willkommene, friedliche Pause.
Umgekehrte Vier
Eine unerfüllte romantische Sehnsucht.

8 Aufrechte Vier
Freunde geben die benötigte Unterstützung.
Umgekehrte Vier
Arroganz schreckt andere ab.

9 Aufrechte Vier
Ruhe und Frieden nach harter Arbeit.
Umgekehrte Vier
Sie müssen sich weiter anstrengen, um Ihr Ziel zu erreichen.

10 Aufrechte Vier
Die vollendete Arbeit sichert den künftigen Erfolg.
Umgekehrte Vier
Achten Sie darauf, daß Engstirnigkeit nicht Ihre Arbeit behindert.

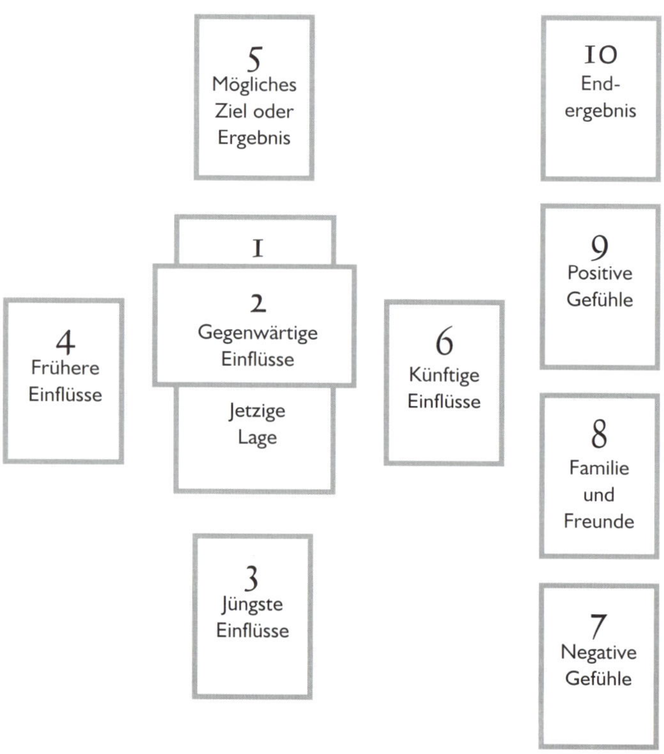

Drei der STÄBE

Starke Überzeugungen, Originalität und Talent sind die Themen dieser Karte. Sie kündigt den Beginn eines vielversprechenden Projekts und Anerkennung für eine inspirierende Arbeit an. Die umgekehrte Karte warnt vor mangelnder Anpassungsfähigkeit und Sorglosigkeit.

EMPFOHLENE DEUTUNG

1 **Aufrechte oder umgekehrte Drei**
Ruhm und Reichtum durch eine Partnerschaft.

2 **Aufrechte oder umgekehrte Drei**
Reagieren Sie sofort auf ein Angebot, bei einem neuen Projekt zu helfen oder sich zu beteiligen.

3 **Aufrechte Drei**
Sie legen ein gutes Fundament für den Erfolg.
Umgekehrte Drei
Lassen Sie sich von einem erfahrenen Menschen beraten; das trägt zum Erfolg bei.

4 **Aufrechte Drei**
Sie brauchen Sicherheit und Geschick, um eine praktische Aufgabe zu lösen.
Umgekehrte Drei
Wenn Sie schlampig sind, verpassen Sie eine Chance.

5 **Aufrechte Drei**
Die erste Phase eines Projekts geht erfolgreich zu Ende.
Umgekehrte Drei
Es gelingt Ihnen nicht, Ideen praktisch zu verwerten.

6 **Aufrechte Drei**
Eine Arbeit, die geistig anstrengt.
Umgekehrte Drei
Seien Sie bei geschäftlichen Verhandlungen nicht arrogant.

7 **Aufrechte Drei**
Hilfe von einem Experten setzt Ehrlichkeit zu sich selbst voraus.
Umgekehrte Drei
Hüten Sie sich vor Hilfe mit falschen Motiven.

8 **Aufrechte Drei**
Ein mächtiger, inspirierender Mensch hilft Ihnen.
Umgekehrte Drei
Stures Festhalten an Ideen führt zu Verlusten.

9 **Aufrechte Drei**
Neue Pläne, in die Tat umgesetzt, bringen den Erfolg.
Umgekehrte Drei
Sie sind enttäuscht wegen einer Änderung – aber der Aufschub ist vorteilhaft.

10 **Aufrechte Drei**
Ein Künstler oder Erfinder macht Träume wahr, oder ein neues Geschäft startet erfolgreich.
Umgekehrte Drei
Neid kann einen Erfolg verdüstern.

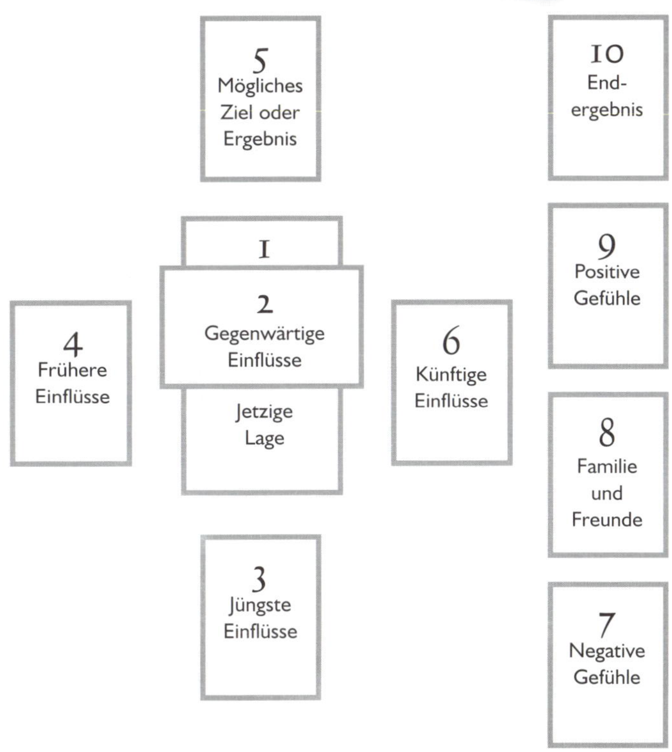

Zwei der STÄBE

Diese Karte verspricht Erfolg durch unermüdlichen Einsatz. Mut und Initiative helfen Ihnen zu reifen. Stärke und Weitsicht verschaffen Autorität. Die umgekehrte Karte verrät Unentschlossenheit, Starrsinn und Unruhe.

EMPFOHLENE DEUTUNG

1 Aufrechte oder umgekehrte Zwei
Erfolg dank Stärke und Klarheit.

2 Aufrechte oder umgekehrte Zwei
Ein einflußreicher Mensch hilft großzügig.

3 Aufrechte Zwei
Der Fortschritt hat eine solide Grundlage aus Information, Bildung und Beharrlichkeit.
Umgekehrte Zwei
Die gelegte Grundlage bringt womöglich nicht den erwünschten Erfolg.

4 Aufrechte Zwei
Stärke und Weitsicht bringen Erfolg.
Umgekehrte Zwei
Gehen Sie klug mit Kritikern um.

5 Aufrechte Zwei
Hilfe bei einem neuen Projekt bringt Erfolg.
Umgekehrte Zwei
Fortschritte setzen richtige Entscheidungen voraus.

6 Aufrechte Zwei
Folgen Sie Ihrer Intuition, und der Erfolg ist sicher.
Umgekehrte Zwei
Neid und Kritik nehmen Ihnen den Glauben an Projekte.

7 Aufrechte Zwei
Es ist schwerer, mit Charme zu nehmen als großzügig zu geben.
Umgekehrte Zwei
Stolz und Hartherzigkeit führen auf den falschen Weg.

8 Aufrechte Zwei
Willenskraft und Ehrgeiz bringen Erfüllung.
Umgekehrte Zwei
Erfolg ist wertlos, wenn Ehrgeiz die Liebe erstickt.

9 Aufrechte Zwei
Stärke, Initiative und Weitblick führen zum Erfolg.
Umgekehrte Zwei
Übertriebenes Verlangen nach materieller Sicherheit dämpft die Risikobereitschaft und hemmt den Erfolg.

10 Aufrechte Zwei
Mit Unterstützung erreichen Sie ein Ziel.
Umgekehrte Zwei
Ertragen Sie auferlegte Zwänge mit Geduld, damit Sie Erfolg haben.

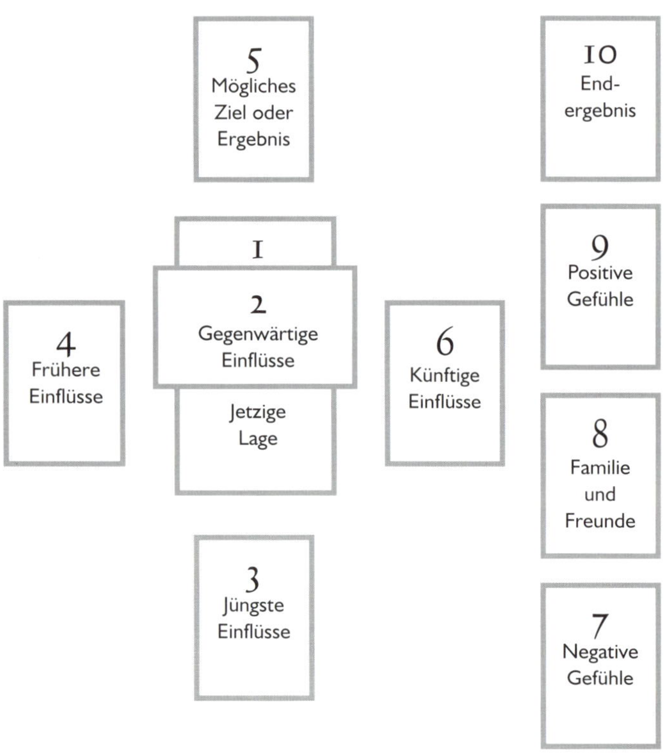

As der STÄBE

Erneuerung ist das Thema dieser Karte. Sie kann auf eine schöpferische Vision hinweisen, ebenso auf Unzufriedenheit, die einem Wandel vorausgeht, auf den Grundstein eines Vermögens. Auf dem Kopf stehend, warnt sie vor einem Fehlstart oder vor Unruhe, die den Erfolg vereitelt.

EMPFOHLENE DEUTUNG

1 Aufrechtes oder umgekehrtes As
Unzufriedenheit mit dem jetzigen Leben erzeugt Unruhe, die Wandel bewirkt.

2 Aufrechtes oder umgekehrtes As
Ein neues Projekt oder ein neuer Lebensabschnitt.

3 Aufrechtes As
Sie denken noch einmal über ein Lebensziel nach.
Umgekehrtes As
Sie brauchen klarere Ziele.

4 Aufrechtes As
Ein Energieschub.
Umgekehrtes As
Beginn einer neuen Phase der spirituellen Einsicht.

5 Aufrechtes As
Eine originelle Idee hat Erfolg.
Umgekehrtes As
Sie legen den Grundstein für das Vermögen der Familie.

6 Aufrechtes As
Sie müssen klar denken, um Ihr Ziel zu erreichen.
Umgekehrtes As
Ein Projekt verzögert sich.

7 Aufrechtes As
Eine wichtige Erkenntnis verändert Ihre Denkweise.
Umgekehrtes As
Bemühen Sie sich, alte Verhaltensmuster abzulegen.

8 Aufrechtes As
Unerwartetes Geld oder eine Erbschaft.
Umgekehrtes As
Spirituelle Leere und mangelndes spirituelles Wachstum.

9 Aufrechtes As
Sie werden sich der spirituellen Aspekte des Lebens bewußt und ändern Ihre Ziele.
Umgekehrtes As
Unerkannter Ehrgeiz macht unzufrieden.

10 Aufrechtes As
Ein neues Werk, ein neues Leben, ein neues Ziel oder ein neues Abenteuer. Die Leere ist vorbei.
Umgekehrtes As
Neubeginn nach einer Verzögerung. Streit über eine Erbschaft oder ein Geschenk.

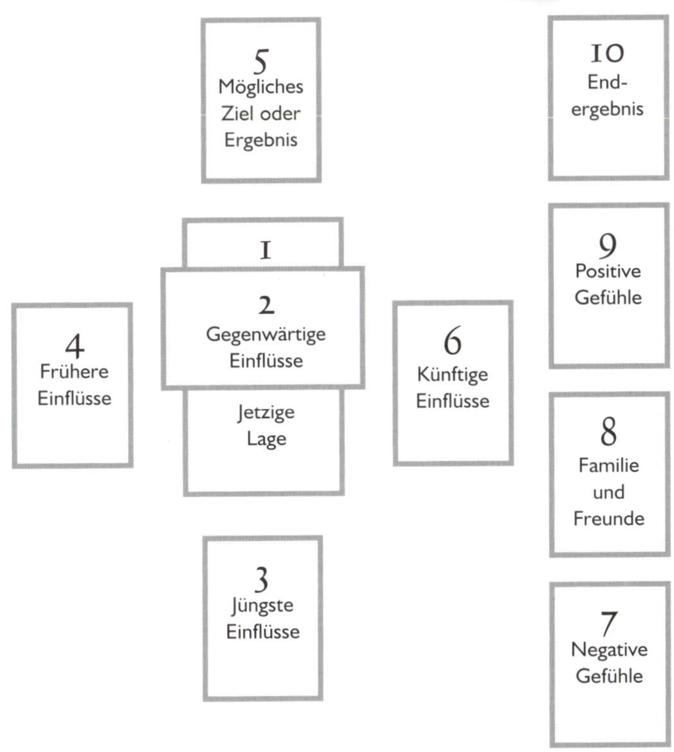

Serie der Münzen

Auf den Münzen ist der fünfzackige Stern des Hermes zu sehen, des Gottes der Alchimie und des Handels. Münzen symbolisieren die Erde, die uns ernährt, schützt, kleidet und Arbeit gibt. Sie beschreiben die materielle Welt mit ihrem Tageskampf, den Leistungen, finanziellen Verlusten und Gewinnen sowie den Risiken, die mit Geldanlagen einhergehen und sogar zum Ruin führen können. Die entsprechende Farbe herkömmlicher Kartenspiele ist Karo, das ebenfalls mit Fülle und Einfluß assoziiert wird. Die Münzen weisen auch darauf hin, daß Geld die Wurzel allen Übels sein kann. Wenn wir zu sehr am Geld hängen, können wir darunter leiden, zu große Angst davor haben oder zuviel Verachtung dafür empfinden. Dadurch kann der Geist verarmen.

Positive Aspekte

Großzügigkeit
*
Finanzieller Erfolg
*
Stabilität
*
Beruflicher Erfolg
*
Handwerkliches Können
*

Negative Aspekte

Geiz

Habgier

Armut

Arbeitslosigkeit

Isolation

König der MÜNZEN

Der König der Münzen wird oft mit den Finanzen in Verbindung gebracht. Er ist ein intuitiver, wenig wortgewandter und treuer Mann über 35. Er ist mathematisch begabt, ruhig und vorsichtig. Er kann aber auch verschwenderisch, bestechlich und rechthaberisch sein.

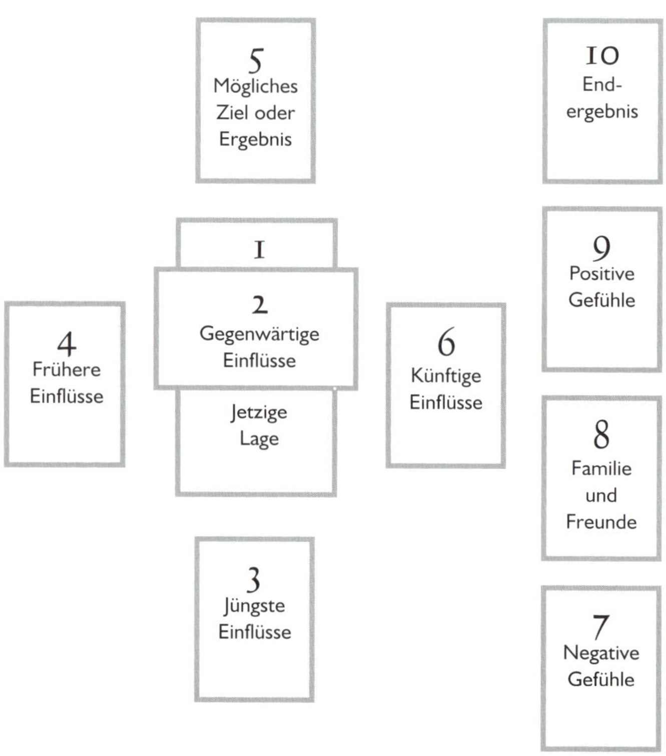

EMPFOHLENE DEUTUNG

1 Aufrechter oder umgekehrter König
Hilfe, Freundschaft oder Rat von einem geduldigen, hochgestellten Mann.

2 Aufrechter oder umgekehrter König
Ideale sind gut, aber nun müssen Sie sich mit den materiellen Aspekten des Lebens befassen.

3 Aufrechter König
Sie haben nach und nach durch Umsicht finanzielle Sicherheit erreicht.
Umgekehrter König
Gier und Vernunft passen nicht zusammen.

4 Aufrechter König
Professioneller Rat verhilft zu einer gesunden Basis.
Umgekehrter König
Achten Sie auf korrekte Geschäftsmethoden.

5 Aufrechter König
Nach einem Kampf erreichen Sie ein finanzielles Ziel.
Umgekehrter König
Lassen Sie sich nicht einschüchtern, sonst müssen Sie das Falsche tun.

6 Aufrechter König
Sie entdecken, daß Sie mit Geld umgehen können.
Umgekehrter König
Wenn Sie Ihr Talent für das Finanzielle mißbrauchen, hat das Konsequenzen.

7 Aufrechter König
Mehr Geld durch geschäftlichen Aufschwung oder eine Beförderung.
Umgekehrter König
Prüfen Sie genau, ob ein Geschäftspartner vertrauenswürdig ist.

8 Aufrechter König
Ein einflußreicher neuer Freund berät und beschützt Sie.
Umgekehrter König
Prüfen Sie, ob dies die richtige Zeit für Spekulationen ist.

9 Aufrechter König
Materielle Erfolge machen selbstbewußt.
Umgekehrter König
Lassen Sie sich den Erfolg nicht zu Kopfe steigen.

10 Aufrechter König
Selbst verdientes Geld macht zufrieden.
Umgekehrter König
Vernachlässigen Sie nicht Ihre Familie wegen des Geschäfts.

Königin der MÜNZEN

Die Königin der Münzen ist praktisch und materiell veranlagt, eine gesellige, möglicherweise finanziell unabhängige Frau, die hart arbeitet und Menschen hilft, die sie interessieren. Sie kann auch unsicher und mißtrauisch sein und zu sehr am Körperlichen haften.

EMPFOHLENE DEUTUNG

1 **Aufrechte oder umgekehrte Königin**
Freundschaft und Rat von einer selbstgenügsamen, finanziell interessierten Frau. Viel Geld bedeutet Verantwortung.

2 **Aufrechte oder umgekehrte Königin**
Eine begabte, praktisch denkende Frau beeinflußt Ihr Leben.

3 **Aufrechte Königin**
Sie können Ihr Talent nutzen, um Sicherheit zu erlangen.
Umgekehrte Königin
Schwelgen Sie nicht in vergangenen Erfolgen; das gibt ein falsches Gefühl der Sicherheit.

4 **Aufrechte Königin**
Es befriedigt Sie, anderen zu helfen.
Umgekehrte Königin
Hüten Sie sich vor der Hilfe einer Frau, die manipuliert.

5 **Aufrechte Königin**
Befriedigung durch Interesse an Kunst oder Politik.
Umgekehrte Königin
Probleme wegen Vernachlässigung der Finanzen.

6 **Aufrechte Königin**
Wohlstand dank gut genutzter praktischer Veranlagung.
Umgekehrte Königin
Unnötige Versagensangst hemmt den Erfolg.

7 **Aufrechte Königin**
Sie müssen erkennen, daß körperliche Vergnügen das Leben bereichern.
Umgekehrte Königin
Das Gefühl der Isolation macht schwermütig.

8 **Aufrechte Königin**
Innere Kraft verschafft Ihnen Respekt.
Umgekehrte Königin
Sie unterschätzen sich und werden dadurch abhängig.

9 **Aufrechte Königin**
Harmonie dank gut genutzter Talente.
Umgekehrte Königin
Sie vernachlässigen das Geschäft, weil Sie sich unsicher und isoliert fühlen.

10 **Aufrechte Königin**
Dauerhafter Erfolg dank finanzieller Begabung und harter Arbeit.
Umgekehrte Königin
Sie müssen jetzt sparsam mit Energie und Geld umgehen.

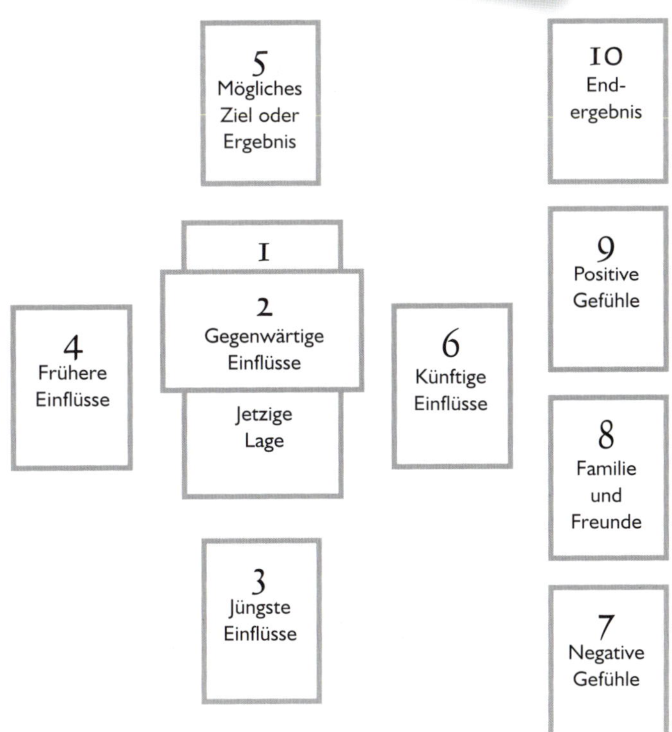

Ritter der MÜNZEN

Der Ritter der Münzen – ein ehrbarer, ausdauernder junger Mann – liebt die Natur und die Tiere. Er ist aber auch materialistisch gesinnt und kann boshaft sein; Unsicherheit verleitet ihn zu Fehlern, und er vergeudet sein Talent. Die Karte kann auch Stagnation bedeuten.

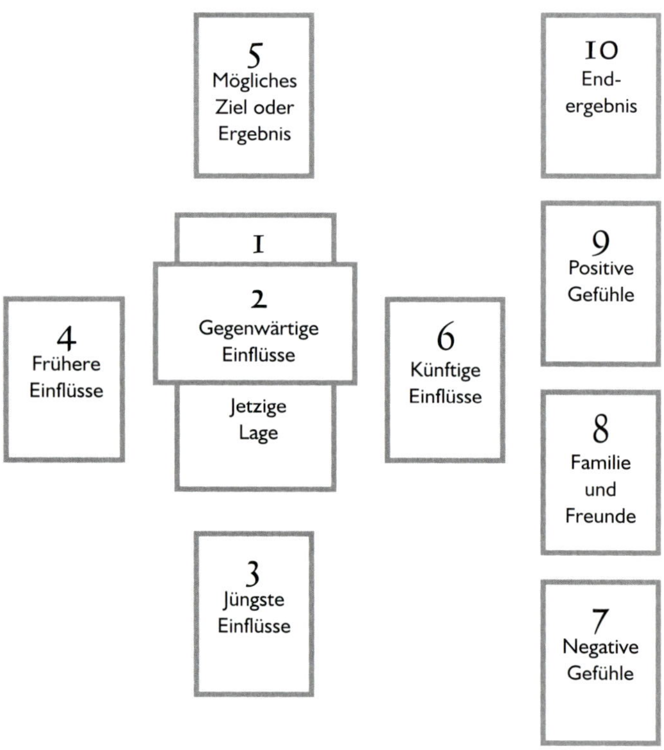

EMPFOHLENE DEUTUNG

1 Aufrechter oder umgekehrter Ritter
Ein ausdauernder, traditioneller, verantwortungsbewußter junger Mann. Harte Arbeit, hoher Lohn. Sexuelle Indiskretion.

2 Aufrechter oder umgekehrter Ritter
Freundschaft und Aufmunterung durch einen jungen Mann.

3 Aufrechter Ritter
Das Leben war hart, aber die Aussichten sind gut.
Umgekehrter Ritter
Sie begehen Fehler, weil Sie schüchtern sind.

4 Aufrechter Ritter
Ausdauer und Verantwortungsbewußtsein bringen Erfolg.
Umgekehrter Ritter
Verantwortungslosigkeit und Ungeduld verhindern den Erfolg.

5 Aufrechter Ritter
Die genaue Analyse eines schwierigen Problems bringt unerwarteten Lohn.
Umgekehrter Ritter
Nachlässigkeit führt zu geschäftlicher Stagnation.

6 Aufrechter Ritter
Ergebnisse dank methodischer Arbeit.
Umgekehrter Ritter
Prüfen Sie ein neues Projekt.

7 Aufrechter Ritter
Sie müssen sich immer wieder motivieren, um Talente zu entwickeln.
Umgekehrter Ritter
Eine Affäre verletzt einen anderen und mindert die Selbstachtung.

8 Aufrechter Ritter
Eine neue Liebe gibt Sicherheit und Ziele.
Umgekehrter Ritter
Sie sind unzufrieden und wollen neu anfangen.

9 Aufrechter Ritter
Sie lieben Tiere und die Natur und könnten ein guter Heiler werden.
Umgekehrter Ritter
Ihr Mitgefühl mit anderen zehrt an Ihren Finanzen.

10 Aufrechter Ritter
Eine Arbeit, die Geduld und Konzentration erfordert, lohnt sich finanziell.
Umgekehrter Ritter
Dogmatismus und Engstirnigkeit hemmen den Fortschritt.

Bube der MÜNZEN

Der Bube der Münzen ist ein Mensch unter 21. Er ist entschlossen, wenig wortgewandt und respektiert Bildung. Diese Karte kann einen verheißungsvollen Brief ankündigen, aber auch vor dem Vergeuden von Talenten, Überheblichkeit und dem Verlust weltlicher Güter warnen.

EMPFOHLENE DEUTUNG

1 Aufrechter oder umgekehrter Bube
Ein junger, wissensdurstiger Mensch, der materialistisch, herrisch, rebellisch und unlogisch sein kann. Wichtige Neuigkeiten oder ein Brief mit einem hübschen Geldbetrag.

2 Aufrechter oder umgekehrter Bube
Neuigkeiten lösen einen vorteilhaften Wandel aus.

3 Aufrechter Bube
Hohe Ideale, Ehrgeiz und neue Ideen versprechen Erfolg.
Umgekehrter Bube
Liebe zum Luxus kann zum Exzeß und zu Verlusten führen.

4 Aufrechter Bube
Körperliche Betätigung kann zu einer neuen Beschäftigung werden.
Umgekehrter Bube
Wer in sich selbst verliebt ist, hat selten Rivalen.

5 Aufrechter Bube
Wer das Beste haben will, muß sich bisweilen mit weniger begnügen.
Umgekehrter Bube
Wer Offenkundiges nicht sieht, hegt oft unrealistische Erwartungen.

6 Aufrechter Bube
Ein willkommener Brief mit Geld.
Umgekehrter Bube
Es ist besser, kleine Geldbeträge zu sparen.

7 Aufrechter Bube
Geschick, Ausdauer und Bildung bringen langsam, aber sicher Erfolg.
Umgekehrter Bube
Andere Meinungen sind oft lehrreich. Wer zuhört, lernt dazu.

8 Aufrechter Bube
Ein neuer Freund bietet Ihnen verlockende Chancen.
Umgekehrter Bube
Egoismus kann dazu führen, daß andere Sie nicht anerkennen.

9 Aufrechter Bube
Der Erfolg kommt langsam, aber gewiß.
Umgekehrter Bube
Rebellion ist kindisch. Werden Sie erwachsen, und nehmen Sie auch Niederlagen hin.

10 Aufrechter Bube
Neuigkeiten sorgen für eine bessere Zukunft.
Umgekehrter Bube
Sie brauchen Zeit und Mühe, um Ihr Potential zu entwickeln.

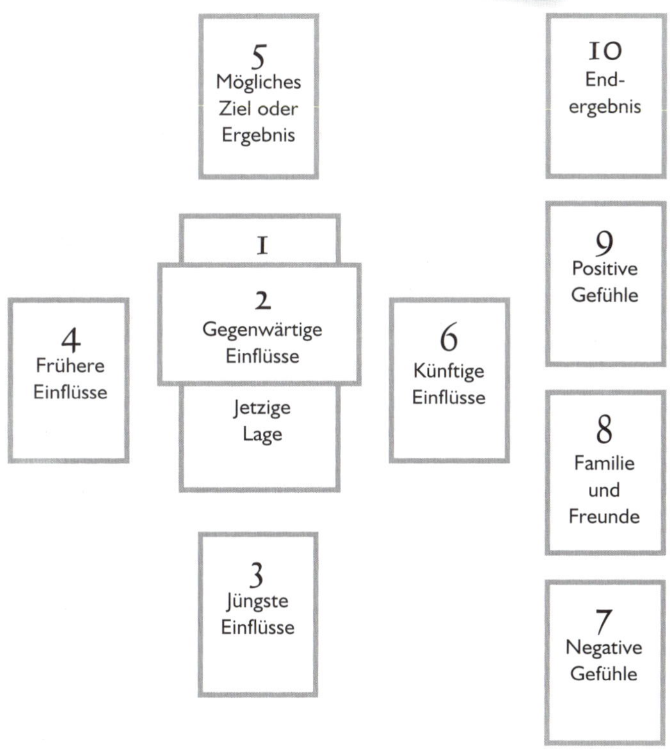

Zehn der MÜNZEN

Dies ist die Karte des äußeren und inneren Reichtums, der mit anderen geteilt wird. Sie symbolisiert Vermögen, schöpferische Leistung, eine neue Familientradition und Erbschaft. Wenn sie umgekehrt ist, warnt sie vor beengenden Familienbanden und finanziellen Problemen.

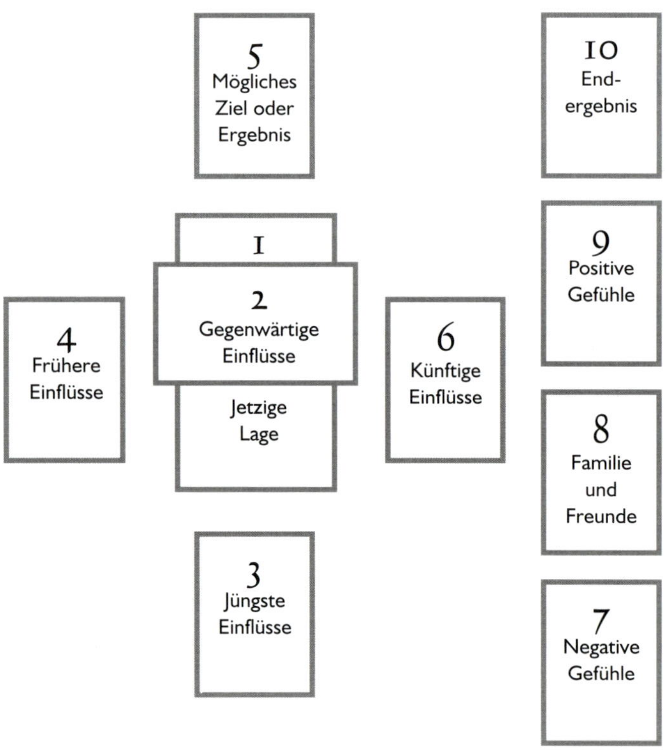

EMPFOHLENE DEUTUNG

1 Aufrechte oder umgekehrte Zehn
Innere spirituelle Kraft befähigt Sie, zu helfen und zu beschützen.

2 Aufrechte oder umgekehrte Zehn
Erfolg wird anerkannt.

3 Aufrechte Zehn
Sicherheit auf einem festen Fundament.
Umgekehrte Zehn
Harte Arbeit und Beharrlichkeit werden belohnt.

4 Aufrechte Zehn
Geld, klug ausgegeben, bringt Sicherheit.
Umgekehrte Zehn
Geringe Motivation führt zu Problemen.

5 Aufrechte Zehn
Ein glückliches, geregeltes, sicheres Leben.
Umgekehrte Zehn
Egoistische Geldausgaben sorgen für Ebbe in der Haushaltskasse.

6 Aufrechte Zehn
Sie lösen ein schwieriges finanzielles Problem.
Umgekehrte Zehn
Prüfen Sie den neuen finanziellen Vorschlag genau.

7 Aufrechte Zehn
Freude durch eine unerwartete Erbschaft oder ein Geschenk.
Umgekehrte Zehn
Das Haften an Traditionen kann altmodisch machen.

8 Aufrechte Zehn
Versuchen Sie objektiv zu sein. Andere haben nicht Ihre innere Kraft.
Umgekehrte Zehn
Sie müssen dafür sorgen, daß ein Riß in der Familie gekittet wird.

9 Aufrechte Zehn
Sorgen Sie vor, damit ältere Leute nicht zur finanziellen Belastung werden.
Umgekehrte Zehn
Probleme mit einem Testament, dem Lohn oder der Pension.

10 Aufrechte Zehn
Ein schöpferisches oder geschäftliches Projekt wird einst anderen helfen.
Umgekehrte Zehn
Achten Sie darauf, daß Heim und Vermögen gut versichert und geschützt sind.

Neun der Münzen

Diese Karte symbolisiert einen unabhängigen Menschen, der stolz auf seine Fähigkeiten und dennoch unzufrieden ist. Sie kann auch die Lösung eines Problems und materiellen Wohlstand bedeuten. Auf dem Kopf stehend, spielt sie auf ein gescheitertes Projekt oder Einsamkeit an.

Empfohlene Deutung

1 Aufrechte oder umgekehrte Neun
Ein starkes Gefühl der Identität und Stolz auf die eigenen Leistungen.

2 Aufrechte oder umgekehrte Neun
Eine plötzliche Lösung für ein Problem.

3 Aufrechte Neun
Berechtigte Freude über die eigenen Leistungen.
Umgekehrte Neun
Sie sind in etwas Unangenehmes verwickelt und leiden darunter.

4 Aufrechte Neun
Materieller Erfolg.
Umgekehrte Neun
Einsamkeit und Langeweile führen oft zu unklugen Bündnissen.

5 Aufrechte Neun
Hohes Einkommen dank einer unerwarteten Chance.
Umgekehrte Neun
Nur Umsicht bringt finanziellen Erfolg.

6 Aufrechte Neun
Sie spüren, daß etwas fehlt, und suchen neue Herausforderungen.
Umgekehrte Neun
Stellen Sie sich den Tatsachen, und analysieren Sie die Lage.

7 Aufrechte Neun
Sie akzeptieren sich selbst und hängen insofern nicht von anderen ab.
Umgekehrte Neun
Seien Sie vorsichtig mit neuen Beziehungen. Jemand wird von Reichtum angelockt.

8 Aufrechte Neun
Große Freude an der Familie und der Natur.
Umgekehrte Neun
Meiden Sie Intriganten.

9 Aufrechte Neun
Gute Organisation und Beharrlichkeit bringen Erfolg.
Umgekehrte Neun
Auch wenn Sie unabhängig sind, brauchen Sie andere.

10 Aufrechte Neun
Die erfolgreiche Verwirklichung eines Planes bringt viel Geld.
Umgekehrte Neun
Unabhängigkeit ist schön. Lernen Sie dennoch, dankbar zu empfangen.

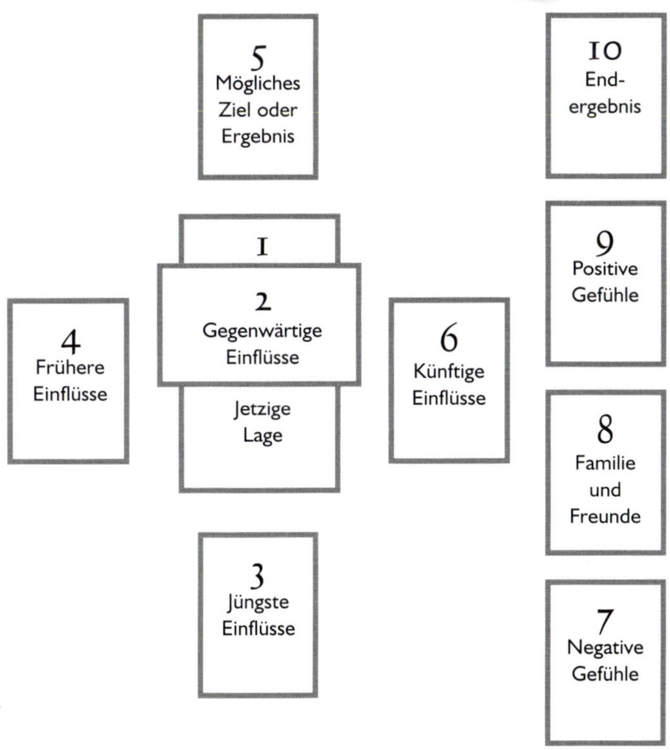

Acht der Münzen

Diese Karte symbolisiert Talent und Energie zugleich. Das Talent wurde möglicherweise erst vor kurzem entdeckt und läßt sich beruflich nutzen, selbst im späteren Leben. Die umgekehrte Karte kann Eitelkeit, Konzentrationsmangel, begrenzten Ehrgeiz und Schlauheit bedeuten.

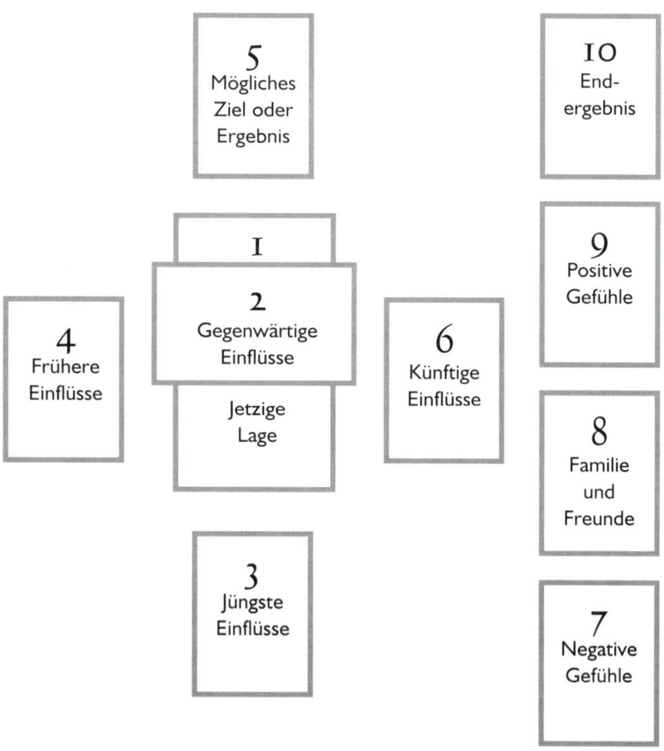

Empfohlene Deutung

1 Aufrechte oder umgekehrte Acht
Talent und Energie führen zu einer lohnenden Richtungsänderung.

2 Aufrechte oder umgekehrte Acht
Sie wenden künftig neu entdeckte Talente an.

3 Aufrechte Acht
Sie entdecken und entwickeln neue Talente.
Umgekehrte Acht
Harte Arbeit und kleiner Lohn entwickeln Ihre Fähigkeiten.

4 Aufrechte Acht
Gute Ergebnisse dank Fleiß und Talent.
Umgekehrte Acht
Eitelkeit hemmt den Lernprozeß.

5 Aufrechte Acht
Der Beginn eines lohnenden Projekts.
Umgekehrte Acht
Zur Kreativität gehört nicht nur Inspiration, sondern auch Ausdauer.

6 Aufrechte Acht
Ein erfolgreicher Berufswechsel.
Umgekehrte Acht
Falsches Sicherheitsgefühl wegen Selbstüberschätzung.

7 Aufrechte Acht
Mit Ausdauer werden Sie das ferne Ziel erreichen.
Umgekehrte Acht
Sie brauchen Anleitung, um Ihre Talente zu entwickeln.

8 Aufrechte Acht
Ein neues, profitables Interessengebiet im späteren Leben.
Umgekehrte Acht
Sie sind zu zaghaft, um etwas Neues auszuprobieren.

9 Aufrechte Acht
Zufriedenheit im Beruf dank Talent und Ausbildung.
Umgekehrte Acht
Eine kommerzielle Einstellung und mangelnder Einsatz machen mittelmäßig.

10 Aufrechte Acht
Vervollkommnetes Talent bringt Ansehen und Geld.
Umgekehrte Acht
Einsatz ist notwendig – es gibt keine Abkürzung zum Erfolg.

Sieben der MÜNZEN

Diese Karte warnt davor, sich auf seinen Lorbeeren auszuruhen. Nur ausdauernde Arbeit sichert den Erfolg. Die Münzsieben kündigt auch einen Zyklus des Wandels an. Wenn sie auf dem Kopf steht, enthüllt sie Selbstmitleid, Angst und scheinbar unüberwindliche Hindernisse.

EMPFOHLENE DEUTUNG

1 Aufrechte oder umgekehrte Sieben
Nur unermüdlicher Einsatz sichert den Erfolg.

2 Aufrechte oder umgekehrte Sieben
Fortschritte nach langer, harter Arbeit.

3 Aufrechte Sieben
Eine Pause in der Entwicklung eines Projekts.
Umgekehrte Sieben
Die Finanzen lösen Depressionen und Besorgnis aus.

4 Aufrechte Sieben
Warten Sie geduldig auf die Früchte Ihrer Arbeit.
Umgekehrte Sieben
Ängstlichkeit hindert Sie daran, Neues zu erforschen.

5 Aufrechte Sieben
Wachstum dank Einsatz und Hingabe.
Umgekehrte Sieben
Ohne ständigen Einsatz bröckelt der Erfolg.

6 Aufrechte Sieben
Ein unerwarteter Gewinn oder ein Geldgeschenk.
Umgekehrte Sieben
Eine schwierige berufliche Entscheidung verlangt Sorgfalt.

7 Aufrechte Sieben
Ein Zyklus des Wandels beginnt – Ihr Einkommen steigt.
Umgekehrte Sieben
Fürchten Sie sich nicht vor Stillstand. Planen Sie den nächsten Schritt, während Sie warten.

8 Aufrechte Sieben
Ein möglicher Verehrer, vielleicht ein alter Bekannter.
Umgekehrte Sieben
Scheinbar unüberwindliche Hindernisse sind nur vorübergehend da.

9 Aufrechte Sieben
Sie verdienen plötzlich mehr. Das beeinflußt eine wichtige Entscheidung.
Umgekehrte Sieben
Sie machen sich Sorgen um Geld, aber es kommt – verspätet.

10 Aufrechte Sieben
Jetzt ernten Sie den Lohn für Ihre Mühe.
Umgekehrte Sieben
Sie müssen entscheiden, ob Sie wie bisher arbeiten oder ein neues Projekt beginnen.

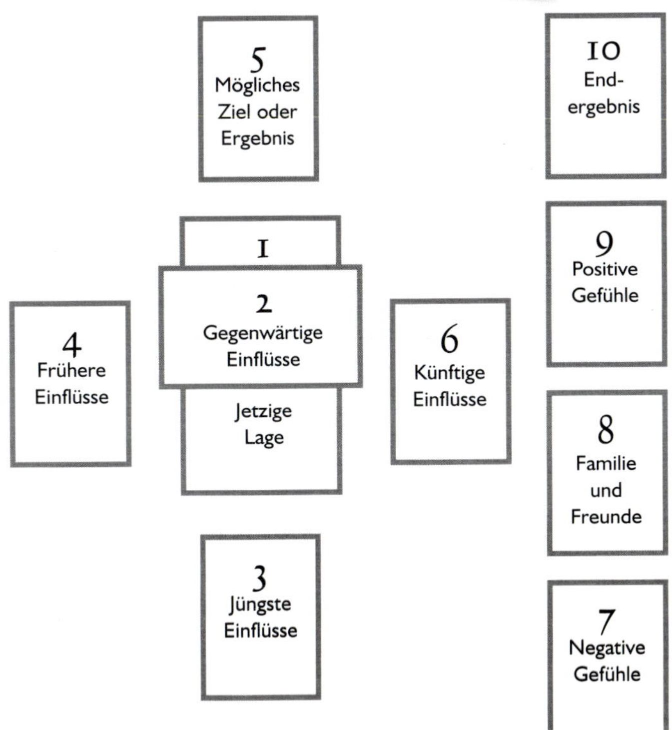

Sechs der MÜNZEN

Dies ist die theatralische Karte der Kleinen Arkana. Sie steht für Arbeit in der Öffentlichkeit und die Manifestation spiritueller Macht und Freude. Die Themen der umgekehrten Karte sind die Unfähigkeit, sich zu engagieren, und Unsicherheit wegen mangelnder Anerkennung.

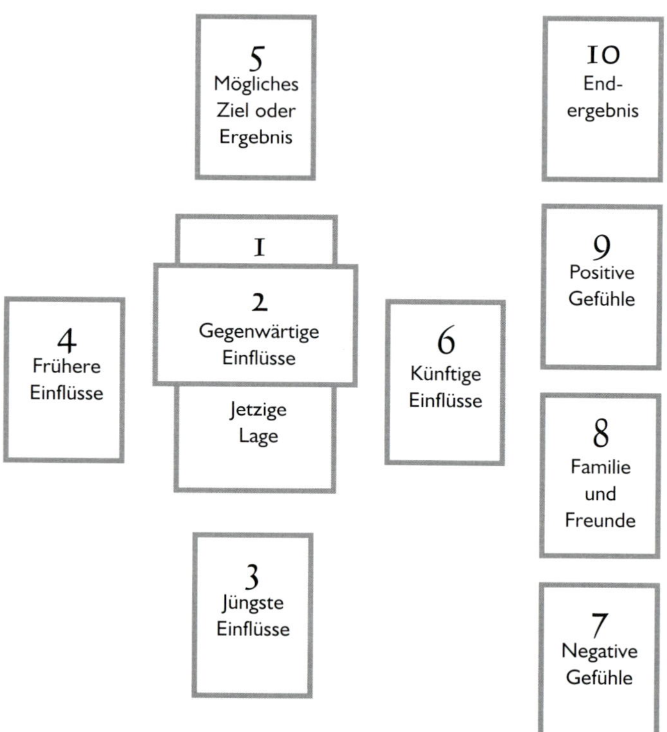

EMPFOHLENE DEUTUNG

I Aufrechte oder umgekehrte Sechs
Erfolg und Transformation.

2 Aufrechte oder umgekehrte Sechs
Sie haben wieder Vertrauen in das Leben oder in Ihre Fähigkeiten.

3 Aufrechte Sechs
Gerechter Lohn macht glücklich.
Umgekehrte Sechs
Freunde und Angehörige zeigen sich für einen längst vergessenen Gefallen erkenntlich.

4 Aufrechte Sechs
Ihre Finanzen haben eine solide Basis.
Umgekehrte Sechs
Vergessen Sie Ihre Schulden nicht.

5 Aufrechte Sechs
Sie genießen die Früchte Ihrer Arbeit.
Umgekehrte Sechs
Sie sind unsicher, weil andere Ihre harte Arbeit nicht anerkennen.

6 Aufrechte Sechs
Beförderung oder Geld.
Umgekehrte Sechs
Unzufriedenheit über die Verteilung des Vermögens.

7 Aufrechte Sechs
Ein großzügiges Hilfsangebot.
Umgekehrte Sechs
Ein Prozeß um Geld.

8 Aufrechte Sechs
Sie freuen sich, weil Sie geliebten Menschen helfen können.
Umgekehrte Sechs
Neid anderer macht Sie unglücklich.

9 Aufrechte Sechs
Beförderung, Prämie oder mit anderen geteilter Gewinn.
Umgekehrte Sechs
Ein finanzielles Opfer wird auf wundersame Weise zurückerstattet.

IO Aufrechte Sechs
Was Sie gegeben haben, erhalten Sie dreifach zurück.
Umgekehrte Sechs
Es ist leichter, Geld zu verschenken als sich selbst.

Fünf der Münzen

Probleme, die entstehen, wenn das Herz den Kopf regiert, sind das Thema dieser Karte. Es geht um Arbeitslosigkeit, Familie, Status und neue Freunde mit ähnlichem Kummer. Die umgekehrt Karte verheißt einen Neubeginn und neuen Glauben an sich selbst.

EMPFOHLENE DEUTUNG

1 **Aufrechte oder umgekehrte Fünf**
Verlust und Kummer bewirken spirituelles Erwachen.

2 **Aufrechte oder umgekehrte Fünf**
Sie überwinden die Not langsam, aber sicher.

3 **Aufrechte Fünf**
Materieller und/oder seelischer Verlust.
Umgekehrte Fünf
Sie wollen unbedingt neu anfangen.

4 **Aufrechte Fünf**
Sie sind zu stolz, um sich helfen zu lassen.
Umgekehrte Fünf
Verlorene Liebe oder Sicherheit macht einsam.

5 **Aufrechte Fünf**
Nach einer Analyse der Situation akzeptieren Sie eine neue Herausforderung.
Umgekehrte Fünf
Finanzielle Not wird gelindert.

6 **Aufrechte Fünf**
Eine neue Stellung, vielleicht eine Gelegenheitsarbeit, eröffnet neue Perspektiven.
Umgekehrte Fünf
Ein Vergleich kann Geld kosten.

7 **Aufrechte Fünf**
Sorgen, weil das Herz den Kopf regiert.
Umgekehrte Fünf
Liebe auf Abwegen.

8 **Aufrechte Fünf**
Sympathie für einen Menschen mit ähnlichen Problemen.
Umgekehrte Fünf
Mangel an Mitgefühl verhindert, daß Sie mit anderen reden können.

9 **Aufrechte Fünf**
Analysieren Sie die Vergangenheit objektiv, und entscheiden Sie, was Sie wirklich brauchen, um glücklich zu werden.
Umgekehrte Fünf
Akzeptieren Sie die gelernten Lektionen, und machen Sie weiter.

10 **Aufrechte Fünf**
Sie gleichen Verluste durch harte Arbeit aus.
Umgekehrte Fünf
Innere Neuorientierung und kluger Umgang mit Geld bringen endlich Glück.

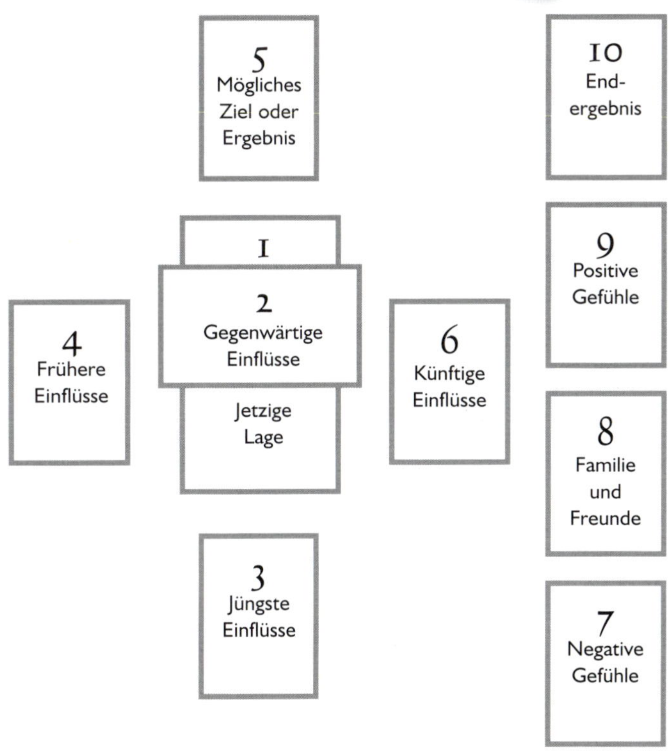

Vier der MÜNZEN

Materielle Erwägungen sind das Thema dieser Karte. Sie handelt von der Gründung eines Geschäfts, Freude am Besitz und Machtgier. Wenn sie auf dem Kopf steht, enthüllt sie Kleinlichkeit, geschäftliche Hindernisse, finanzielle Probleme und geringe Selbstachtung.

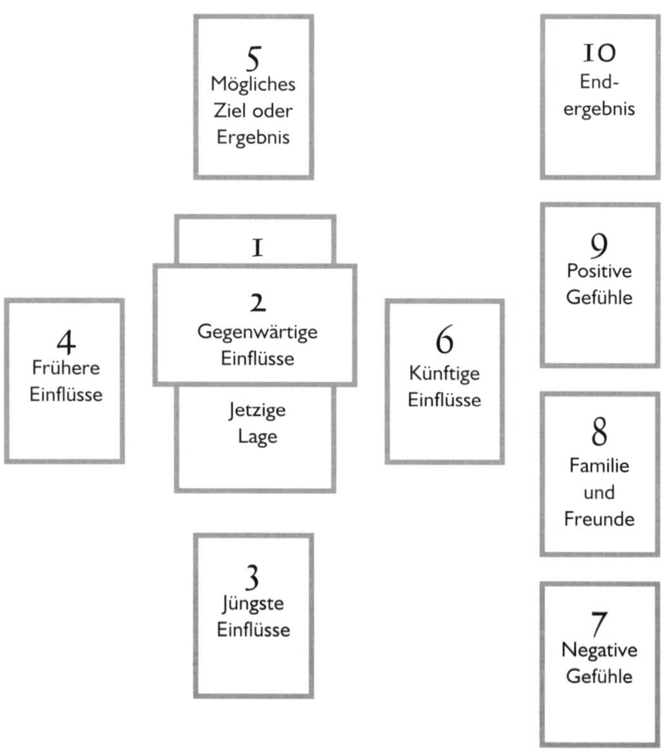

EMPFOHLENE DEUTUNG

1 Aufrechte oder umgekehrte Vier
Reichtum dank Einsatz und Begabung.

2 Aufrechte oder umgekehrte Vier
Der Profit ist Ihnen sicher.

3 Aufrechte Vier
Ein neues geschäftliches Projekt oder ein neuer Vorschlag.
Umgekehrte Vier
Angst vor Verlusten bewahrt Sie vor Verlusten – und vor Gewinnen.

4 Aufrechte Vier
Sie können hart arbeiten und werden dafür belohnt.
Umgekehrte Vier
Vermögen und Status ersetzen nicht die Selbstachtung.

5 Aufrechte Vier
Beharrliche Arbeit wird belohnt.
Umgekehrte Vier
Wenn Sie nur an Geld denken, erstarren Ihre Gefühle.

6 Aufrechte Vier
Eine Neigung zum Luxus beschränkt den finanziellen Erfolg.
Umgekehrte Vier
Eine Verzögerung führt zu finanziellen Problemen.

7 Aufrechte Vier
Materieller Wohlstand ist keine Garantie für Sicherheit und Wohlbefinden.
Umgekehrte Vier
Ein Vermögensverlust macht Ihnen Sorgen.

8 Aufrechte Vier
Ein finanzieller Triumph führt zu innerer Leere und Unzufriedenheit.
Umgekehrte Vier
Blockierte schöpferische Energie verhindert oft materiellen und spirituellen Fortschritt.

9 Aufrechte Vier
Ein Geschenk oder eine Erbschaft.
Umgekehrte Vier
Geiz aus Angst vor Verlusten.

10 Aufrechte Vier
Eine Führungsrolle, Macht und Wohlstand.
Umgekehrte Vier
Finanzielle Probleme durch unvernünftige Ausgaben.

Drei der MÜNZEN

Dies ist die Karte der beruflichen Anerkennung. Sie handelt von Ausbildung, geschäftlichem Erfolg, einer Prämie und Ruhm durch künstlerisches Talent. Die umgekehrte Karte verrät Richtungslosigkeit und Unwissenheit.

EMPFOHLENE DEUTUNG

1 **Aufrechte oder umgekehrte Drei**
Beharrlichkeit und Geschick bringen Erfüllung und Erfolg.

2 **Aufrechte oder umgekehrte Drei**
Schöpferische oder geschäftliche Expansion.

3 **Aufrechte Drei**
Sie lernen, Ihre Fähigkeiten voll zu nutzen.
Umgekehrte Drei
Mißerfolg wegen falscher Methoden und Ziellosigkeit.

4 **Aufrechte Drei**
Wachsendes Selbstvertrauen.
Umgekehrte Drei
Wenig Erfolg wegen geringer Motivation und fehlender Ziele.

5 **Aufrechte Drei**
Geld und Ansehen durch gefestigten Erfolg.
Umgekehrte Drei
Sie müssen weiter hart arbeiten, bis Sie Ihr Ziel erreichen.

6 **Aufrechte Drei**
Befriedigung über gute Arbeit.
Umgekehrte Drei
Chaos in finanziellen und geschäftlichen Dingen.

7 **Aufrechte Drei**
Sie wollen sich weiterentwickeln und müssen sich entscheiden.
Umgekehrte Drei
Sie brauchen mehr Ausbildung, um erfolgreich zu sein.

8 **Aufrechte Drei**
Zusammenarbeit mit Freunden oder mit einer Gruppe.
Umgekehrte Drei
Mißerfolg wegen Unwissenheit und Egoismus.

9 **Aufrechte Drei**
Ein großes Talent entwickelt sich.
Umgekehrte Drei
Überheblichkeit verhindert Weiterbildung.

10 **Aufrechte Drei**
Sie nutzen Ihre Talente und erwerben Respekt.
Umgekehrte Drei
Wer nur an den Profit denkt, wird mittelmäßig.

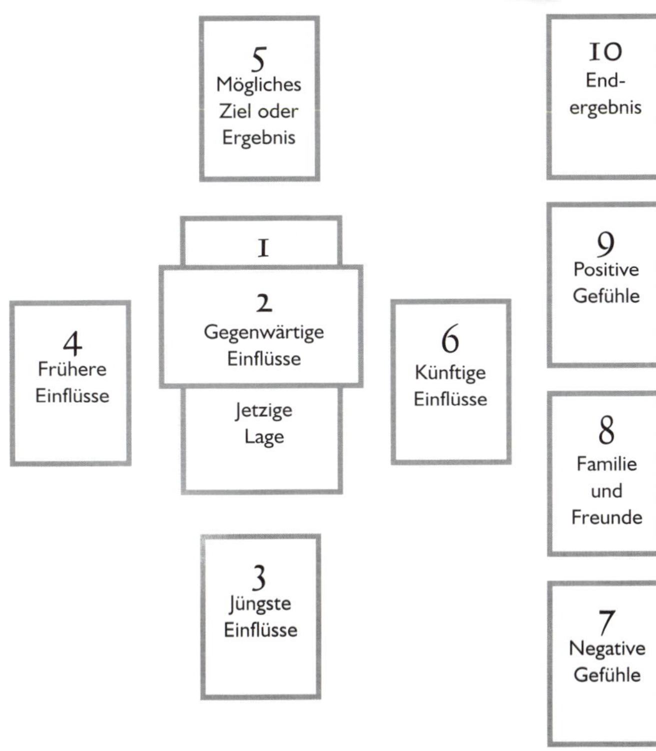

Zwei der Münzen

Gleichgewicht trotz Wandels ist das Thema dieser Karte. Es geht um Reisen, Erfolg durch ein Talent oder literarische Fähigkeiten. Die umgekehrte Karte warnt vor seelischer Instabilität und Schwierigkeiten am Anfang eines neuen Projekts.

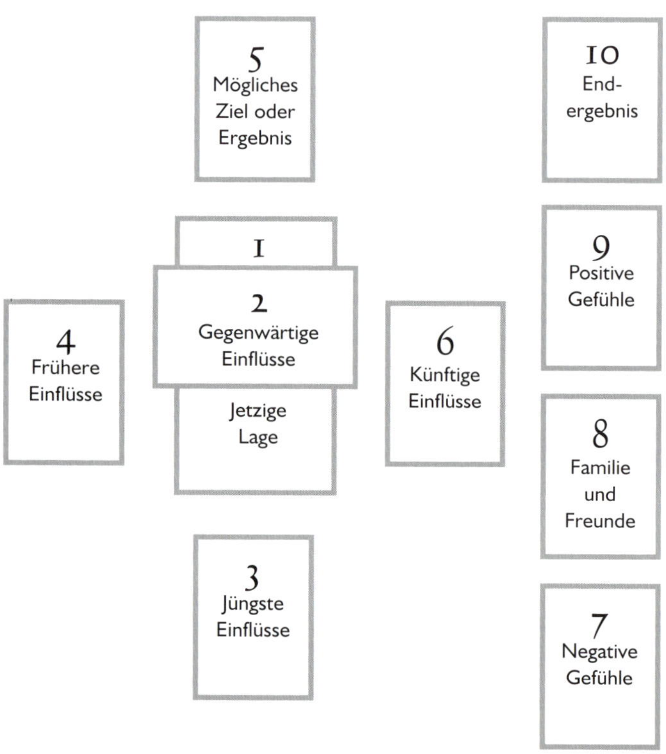

Empfohlene Deutung

1 Aufrechte oder umgekehrte Zwei
Harmonie inmitten des Wandels.

2 Aufrechte oder umgekehrte Zwei
Beruhigende Nachrichten oder positiver Wandel durch fröhliche Kommunikation.

3 Aufrechte Zwei
Es ist schwierig, etwas Neues zu beginnen.
Umgekehrte Zwei
Verzögerung durch Vermögensschwankungen.

4 Aufrechte Zwei
Sie bewältigen zwei Situationen gleichzeitig.
Umgekehrte Zwei
Teilen Sie Zeit und Energie gut ein.

5 Aufrechte Zwei
Erfolg in einer Richtung.
Umgekehrte Zwei
Die Wahl der Richtung entscheidet über den Erfolg.

6 Aufrechte Zwei
Erfolg mit einem einzigen Talent.
Umgekehrte Zwei
Es ist schwer, etwas Neues zu beginnen.

7 Aufrechte Zwei
Neuigkeiten über einen Umzug oder eine Reise.
Umgekehrte Zwei
Sie können nicht zwei Dinge gleichzeitig tun.

8 Aufrechte Zwei
Andere helfen großzügig.
Umgekehrte Zwei
Feindselige Leute wollen Sie vom Weg abbringen.

9 Aufrechte Zwei
Ausdauer und Geschick bringen Erfolg.
Umgekehrte Zwei
Zügeln Sie Stimmungsschwankungen, und Sie haben Erfolg.

10 Aufrechte Zwei
Ein neuer Schritt bringt Freude und Gewinn.
Umgekehrte Zwei
Nur geschickte Manipulation und Ausdauer führen ans Ziel.

As der Münzen

Diese Karte kündigt den Beginn eines profitablen Unternehmens an und enthüllt Freude am Körperlichen und Stolz auf die eigene Leistung. Auf dem Kopf stehend, handelt sie von übertriebener Selbstsicherheit, Gier und Reichtum, der wegen spiritueller Armut nicht glücklich macht.

Empfohlene Deutung

1 Aufrechtes oder umgekehrtes As
Innere und äußere Vorzüge. Materieller Erfolg.

2 Aufrechtes oder umgekehrtes As
Künftige Sicherheit auf festem Fundament.

3 Aufrechtes As
Materielle Erfolge sind möglich.
Umgekehrtes As
Sie brauchen Ausdauer und Standfestigkeit.

4 Aufrechtes As
Der Beginn eines profitablen Projekts.
Umgekehrtes As
Folgen Sie bei der Entscheidung Ihrer inneren Stimme.

5 Aufrechtes As
Wohlstand und Komfort.
Umgekehrtes As
Angst vor dem Risiko verhindert Fortschritte.

6 Aufrechtes As
Ein unerwartetes Geschenk, ein Gewinn oder eine kleine Erbschaft.
Umgekehrtes As
Seien Sie nicht vertrauensselig. Prüfen Sie Ihre Pläne genau.

7 Aufrechtes As
Beharrlichkeit führt zum Ziel.
Umgekehrtes As
Gier führt zu spiritueller Verarmung.

8 Aufrechtes As
Ein wichtiger Brief oder gute Nachrichten.
Umgekehrtes As
Sie legen zuviel Wert auf äußere Schönheit.

9 Aufrechtes As
Glück und Wohlstand.
Umgekehrtes As
Wohlstand ohne Glück.

10 Aufrechtes As
Spiritueller und materieller Erfolg.
Umgekehrtes As
Sie vergeuden oder mißbrauchen Reichtum.

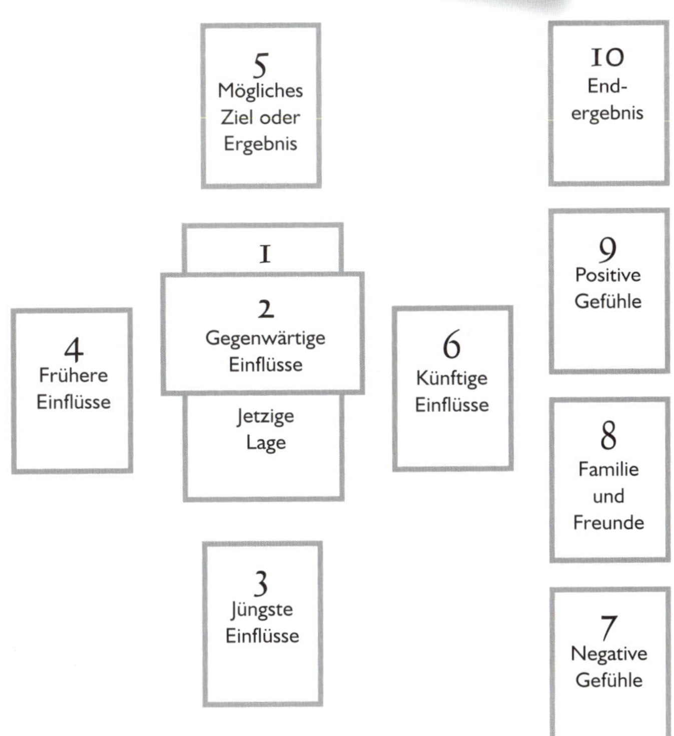

Serie der Schwerter

Diese Serie wurde im Laufe der Zeit viel geschmäht. Sie ist mit der Luft verbunden, welche die alten Philosophen für den Atem des Geistes hielten, der die Schöpfung beseelt. Schwerter symbolisieren den Verstand und das abstrakte Denken, das der Schöpfung vorausging. Sie sind also ein Sinnbild der seelischen und geistigen Entwicklung. Da Schwerter jedoch Waffen sind, stehen sie auch für Macht und Aggression. Diese offenkundige Anspielung auf tätliche Auseinandersetzungen lenkt oft von der tieferen Symbolik ab, bei der es um den Kampf geht, der die Seele und den Charakter formt. Das zweischneidige Schwert illustriert die Dualität dieser Serie: Die eine Schneide symbolisiert die Vernunft, deren durchdringende Schärfe Klarheit bringt, die andere ist ein grausames Werkzeug, das Wunden zufügt. In herkömmlichen Kartenspielen entspricht Pik den Schwertern.

Positive Aspekte

Mut
*
Stärke
*
Hoffnung
*
Frieden im Kampf
*
Eine erfolgreiche Reise
*

Negative Aspekte

Spirituelles Leiden
*
Einsamkeit
*
Opfer
*
Verlust
*
Niederlage
*

König der SCHWERTER

Der König der Schwerter, ein erfinderischer Mann über 35, kann ein Soldat, Anwalt oder Beamter sein. Er kann grausam, gewalttätig, rachsüchtig und extrem kritisch sein. Außerdem symbolisiert diese Karte einen Ausländer oder ein fremdes Land.

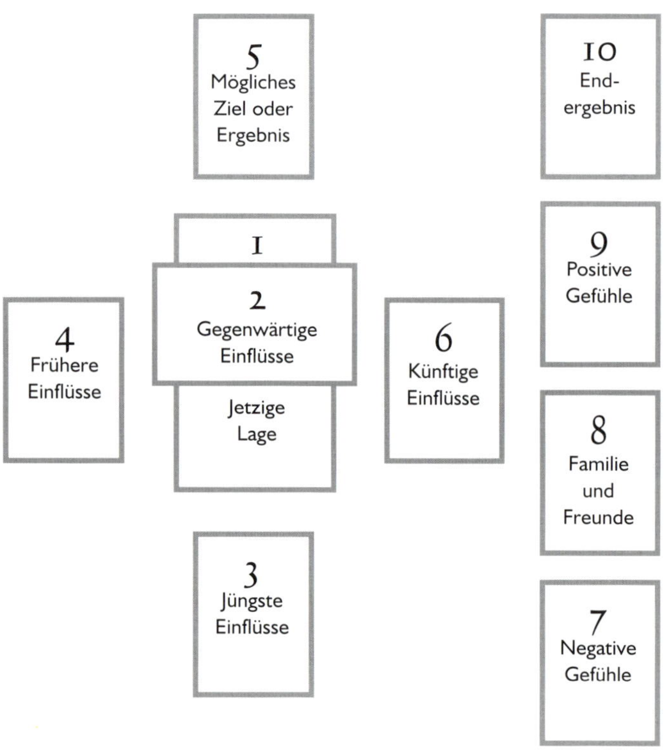

EMPFOHLENE DEUTUNG

1 Aufrechter oder umgekehrter König
Ein mächtiger Mann kann helfen, Feinde oder die eigenen destruktiven Instinkte zu besiegen. Kann auch Rechtsstreit bedeuten.

2 Aufrechter oder umgekehrter König
Sie wollen Ideen in die Tat umsetzen – mit Hilfe eines einflußreichen Mannes oder im Ausland.

3 Aufrechter König
Sie haben einen scharfen Verstand und Ideen.
Umgekehrter König
Ein Streit hat mehrere Seiten, nicht nur die Ihre.

4 Aufrechter König
Sie brauchen Voraussicht und eine Strategie.
Umgekehrter König
Sie sind zu kritisch zu Menschen, die nicht stark oder hochintelligent sind.

5 Aufrechter König
Originelle Ideen bringen Erfolg.
Umgekehrter König
Ein verworrener, langwieriger Rechtsstreit.

6 Aufrechter König
Sie müssen Ihre Gegner überlisten.
Umgekehrter König
Zorn trübt das Urteil. Gehen Sie diplomatisch mit Gegnern um.

7 Aufrechter König
Vergebung ohne Mitgefühl ist hohl.
Umgekehrter König
Distanziertheit kann Gefühle ersticken.

8 Aufrechter König
Sieg über jene, die böse Gerüchte verbreiten.
Umgekehrter König
Ein Ausländer oder eine ausländische Firma erweist sich als nützlich.

9 Aufrechter König
Der vorzügliche Rat eines Mächtigen fördert Ihre Pläne.
Umgekehrter König
Die Hilfe eines Mächtigen vereitelt böse Pläne.

10 Aufrechter König
Erfüllung durch Organisation und Führung.
Umgekehrter König
Mangel an Mitgefühl führt zu Isolation.

Königin der SCHWERTER

Diese »Witwenkarte« strahlt Traurigkeit aus. Die Königin der Schwerter ist vorsichtig, stark und klug, kann aber auch intolerant und boshaft sein. Außerdem symbolisiert diese Karte den Konflikt zwischen spirituellen und materiellen Werten sowie eine Ausländerin oder das Ausland.

EMPFOHLENE DEUTUNG

1 **Aufrechte oder umgekehrte Königin**
Eine schlaue, etwas distanzierte, manchmal traurige Frau kann guten Rat geben. Der Geist triumphiert über die Materie. Ein fremdes Land.

2 **Aufrechte oder umgekehrte Königin**
Wertvolle Hilfe von einer starken Frau.

3 **Aufrechte Königin**
Streben nach Vollkommenheit, auf die Spitze getrieben, führt zu Verlusten.
Umgekehrte Königin
Mangel an Liebe hat Narben zurückgelassen.

4 **Aufrechte Königin**
Wer vom Partner Unmögliches verlangt, wird einsam.
Umgekehrte Königin
Unrealistische Erwartungen rufen Minderwertigkeitsgefühle hervor.

5 **Aufrechte Königin**
Ein neues Leben, weil Sie alte Denkweisen aufgeben.
Umgekehrte Königin
Vertrauen Sie, denken Sie positiv; ein Wandel braucht Zeit.

6 **Aufrechte Königin**
Sie suchen übereifrig nach Details und sehen deshalb nicht mehr das ganze Bild.
Umgekehrte Königin
Finanzielle Probleme.

7 **Aufrechte Königin**
Nach einer Zurückweisung wollen Sie Ihren Wert unter Beweis stellen.
Umgekehrte Königin
Sie legen die alte Maske ab und ändern Ihre Einstellung.

8 **Aufrechte Königin**
Gewähren Sie es Freunden, Ihnen zu geben.
Umgekehrte Königin
Wer seinen Kopf zu oft durchsetzen will, zerstört eine Freundschaft.

9 **Aufrechte Königin**
Es macht Sie glücklich, sich für andere einzusetzen.
Umgekehrte Königin
Böser Klatsch will vielleicht Selbstgenügsamkeit zerstören.

10 **Aufrechte Königin**
Der Geist triumphiert über Verlust und Mangel.
Umgekehrte Königin
Die Erkenntnis, daß niemand vollkommen ist, bringt inneren Frieden.

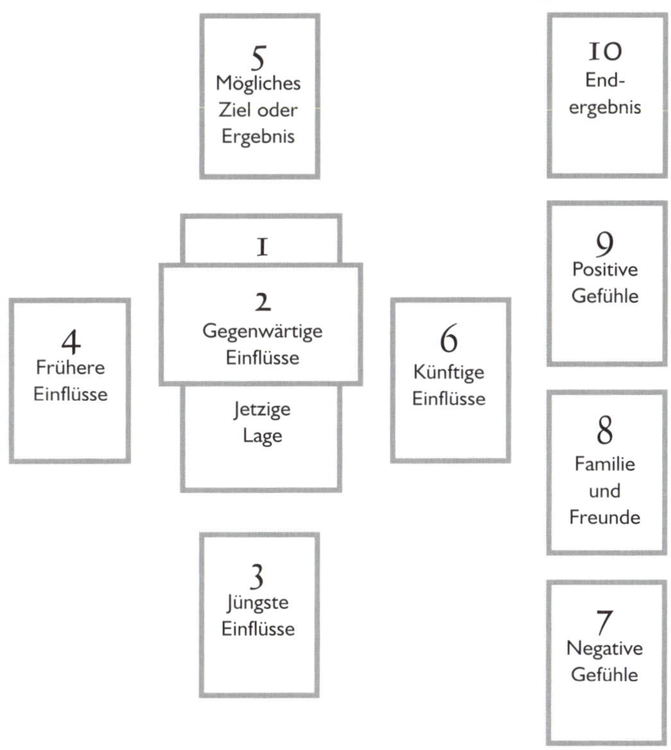

Ritter der SCHWERTER

Der Ritter der Schwerter ist ein leidenschaftlicher Mann zwischen 21 und 35. Er tritt in schwierigen Situationen auf und symbolisiert ein fremdes Land oder einen nahen Streit. Wenn benachbarte Karten auf Krankheit hindeuten, steht er für einen Chirurgen.

EMPFOHLENE DEUTUNG

1 Aufrechter oder umgekehrter Ritter
Ein starker, selbstsicherer junger Mann kann beim Kampf um Prestige helfen. Plötzlicher Wandel, ein fremdes Element, Anfang und Ende eines Problems.

2 Aufrechter oder umgekehrter Ritter
Ein kühner junger Mann oder ein Ausländer hilft Ihnen.

3 Aufrechter Ritter
Starker Wunsch nach Veränderung.
Umgekehrter Ritter
Jemand bekämpft den Wandel.

4 Aufrechter Ritter
Begnügen Sie sich derzeit mit Plänen; erörtern Sie keine Ziele.
Umgekehrter Ritter
Es ist noch nicht Zeit für etwas Neues.

5 Aufrechter Ritter
Aufregende Aussichten.
Umgekehrter Ritter
Egoismus kann einen Freund vertreiben.

6 Aufrechter Ritter
Ein Freund ermutigt Sie zu einem beruflichen Schritt nach vorne.
Umgekehrter Ritter
Eine schwierige Warteperiode, die Toleranz lehrt.

7 Aufrechter Ritter
Sie wollen die Situation zu rasch ändern und schaden damit einer Beziehung.
Umgekehrter Ritter
Warten Sie ein wenig mit Ihrem neuen Plan.

8 Aufrechter Ritter
Unterstützt von einem Freund, lösen Sie ein Problem.
Umgekehrter Ritter
Ein wenig empfindsamer Jüngling entzweit Freunde.

9 Aufrechter Ritter
Neue Ziele, neuer Blickwinkel.
Umgekehrter Ritter
Sie brauchen Geduld, um ein altes Problem zu lösen.

10 Aufrechter Ritter
Ein plötzlicher Wechsel des Blickwinkels zeigt eine neue Richtung an.
Umgekehrter Ritter
Denken Sie bei einer wichtigen Entscheidung an die Bedürfnisse anderer.

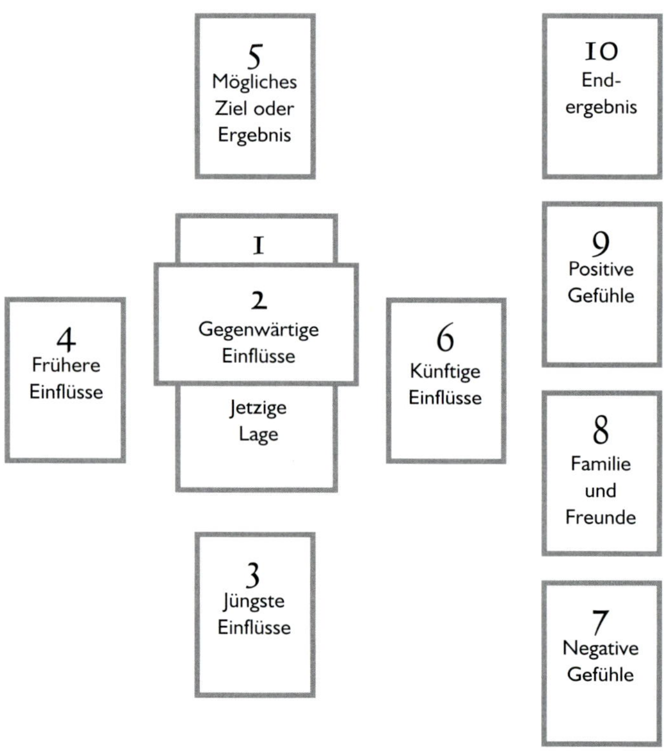

Bube der SCHWERTER

Der Bube der Schwerter ist ein junger Mensch, der die Unabhängigkeit schätzt. Er ist unberechenbar, boshaft, frivol und grausam, aber auch diplomatisch und verschlagen.

EMPFOHLENE DEUTUNG

1 Aufrechter oder umgekehrter Bube
Ein Bote, Nachrichten, innere Konflikte, ein Rivale, ein Ausländer, ein fremdes Land.

2 Aufrechter oder umgekehrter Bube
Unerwartete Neuigkeiten.

3 Aufrechter Bube
Schlummernde Fähigkeiten werden aktiviert.
Umgekehrter Bube
Innere Konflikte als Folge von Ungerechtigkeit.

4 Aufrechter Bube
Starker Wunsch, die Situation zu entwirren.
Umgekehrter Bube
Es ist schwer, alte, nie verheilte Wunden zu vergessen.

5 Aufrechter Bube
Neue Informationen fördern die Kreativität.
Umgekehrter Bube
Es ist befriedigend, die wahre Natur der Dinge zu erfassen.

6 Aufrechter Bube
Der Wunsch nach Veränderungen macht reizbar.
Umgekehrter Bube
Lob für geschicktes Verhandeln für andere.

7 Aufrechter Bube
Ignorieren Sie Ihre Intuition niemals.
Umgekehrter Bube
Sie besiegen einen Rivalen, weil Sie seine Schwächen kennen.

8 Aufrechter Bube
Talent und Geschick bringen Erfüllung.
Umgekehrter Bube
Ein junger Mensch verhält sich unerwartet und unberechenbar.

9 Aufrechter Bube
Eine unerwartete Chance, kreativ zu arbeiten.
Umgekehrter Bube
Jemand, den Sie beruflich kennen, hat neue, profitable Ideen.

10 Aufrechter Bube
Ein klarer Geist macht unabhängig.
Umgekehrter Bube
Prüfen Sie andere Meinungen unvoreingenommen, ehe Sie sie ablehnen.

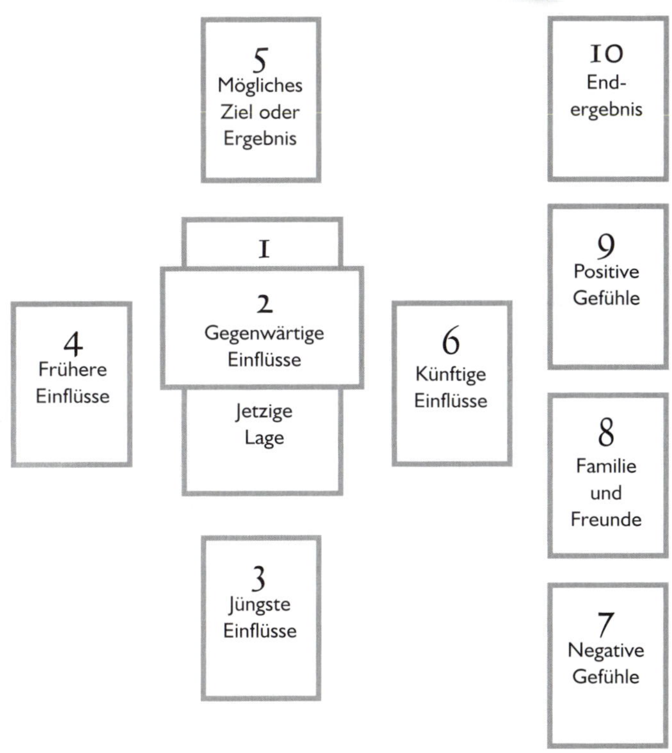

Zehn der SCHWERTER

Diese Karte kann einen wirtschaftlichen oder gesellschaftlichen Tiefpunkt bezeichnen. Ehrlichkeit zu sich selbst zerstört einen Traum, schafft aber Klarheit. Die umgekehrte Karte steht für das Ende spiritueller Dunkelheit, für Selbstachtung und das Ende einer harten Zeit.

EMPFOHLENE DEUTUNG

1 Aufrechte oder umgekehrte Zehn
Das Ende einer Illusion. Wirtschaftsflaute.

2 Aufrechte oder umgekehrte Zehn
Eine Lehre für Sie.

3 Aufrechte Zehn
Akzeptieren Sie die Realität.
Umgekehrte Zehn
Zorn schadet Ihnen. Lernen Sie, sich und anderen zu vergeben.

4 Aufrechte Zehn
Sie verlieren Geld oder werden arbeitslos.
Umgekehrte Zehn
Negatives Denken hilft in einer Krise nicht.

5 Aufrechte Zehn
Seien Sie ehrlich zu sich selbst.
Umgekehrte Zehn
Langsame geschäftliche oder gesundheitliche Erholung.

6 Aufrechte Zehn
Andere zu kopieren kann den Ruin bedeuten.
Umgekehrte Zehn
Unerwarteter Lohn für frühere Großzügigkeit.

7 Aufrechte Zehn
Ein tiefes Verlustgefühl; Sie brauchen spirituelle Hilfe.
Umgekehrte Zehn
Ein plötzliches Scheitern Ihrer Pläne trifft Sie hart.

8 Aufrechte Zehn
Nachlassende Einkünfte wirken sich auf das tägliche Leben aus.
Umgekehrte Zehn
Sie haben neue, positive Energien zu erwarten.

9 Aufrechte Zehn
Wut und negatives Denken nach einer tiefen seelischen Wunde.
Umgekehrte Zehn
Sie akzeptieren sich selbst und vergeben anderen.

10 Aufrechte Zehn
Sehen Sie die Dinge, wie sie wirklich sind.
Umgekehrte Zehn
Der Tiefpunkt ist erreicht; es ist Zeit, nach oben zu klettern.

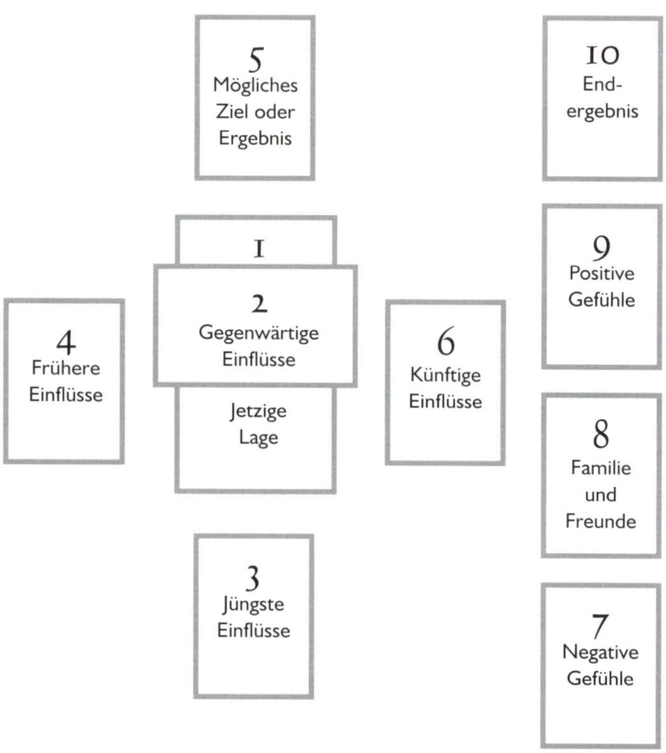

Neun der SCHWERTER

Selbstbestrafung ist das Hauptthema dieser Karte. Sie enthüllt ein Haften an der Vergangenheit, Hoffnungslosigkeit, Krankheit, Isolation und fehlende Hilfe. Die umgekehrte Karte ist positiv: eine neue, produktive Aktivität beginnt, die Zeit heilt Wunden.

EMPFOHLENE DEUTUNG

1 Aufrechte oder umgekehrte Neun
Kraft und ein neues Leben durch Leiden.

2 Aufrechte oder umgekehrte Neun
Sie werfen eine Last ab.

3 Aufrechte Neun
Sie unterdrücken produktive Energien und werden dabei unglücklich.
Umgekehrte Neun
Andere verletzen und enttäuschen Sie.

4 Aufrechte Neun
Sie haften am Gestern und können das Heute nicht genießen.
Umgekehrte Neun
Geduld und Selbstlosigkeit werden belohnt.

5 Aufrechte Neun
Sie erkennen, daß Schuldgefühle Sie belasten und werden frei.
Umgekehrte Neun
Das Morgen birgt eine neue Hoffnung.

6 Aufrechte Neun
Selbstvorwürfe machen hoffnungslos.
Umgekehrte Neun
Hohe Ansprüche anderer haben Sie unzufrieden gemacht.

7 Aufrechte Neun
Unnötige Sorgen über die Zukunft.
Umgekehrte Neun
Bessere Zeiten sind nahe.

8 Aufrechte Neun
Geduldig ertragenes Leid wird mit Liebe belohnt.
Umgekehrte Neun
Sie müssen sich von geliebten Menschen trennen und in eine andere Umgebung reisen.

9 Aufrechte Neun
Eine schwierige Entscheidung, die Opfer verlangt.
Umgekehrte Neun
Neue, produktive Aktivität.

10 Aufrechte Neun
Eine gehorsam getragene Last wird zum Segen.
Umgekehrte Neun
Die Zeit heilt alle Wunden.

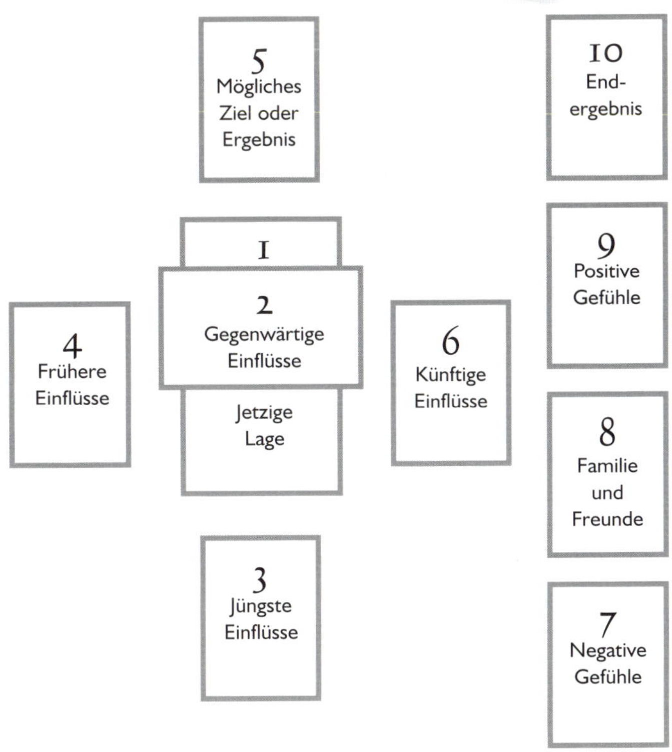

Acht der SCHWERTER

Diese Karte rät zu Geduld, Selbstvertrauen und Ehrlichkeit zu sich selbst. Angst vor Streit, Blindheit oder Täuschung macht unentschlossen. Die umgekehrte Karte ist positiv: Pessimismus schwindet, Wunden heilen, das Selbstvertrauen kehrt zurück.

EMPFOHLENE DEUTUNG

I Aufrechte oder umgekehrte Acht
Das Ende einer Pechsträhne.

2 Aufrechte oder umgekehrte Acht
Mut und Geduld überwinden Not und Beengung.

3 Aufrechte Acht
Sie scheuen Streit, weil Sie anderen nicht weh tun wollen.
Umgekehrte Acht
Manche halten Güte für Schwäche.

4 Aufrechte Acht
Sie handeln nicht, weil Sie sich um andere sorgen.
Umgekehrte Acht
Streß macht Sie vorübergehend krank.

5 Aufrechte Acht
Sie akzeptieren vergangene Fehler und gewinnen Ihr Selbstvertrauen zurück.
Umgekehrte Acht
Spontane Großzügigkeit wird hundertfach vergolten.

6 Aufrechte Acht
Mangel an Selbstvertrauen, verpaßte Chancen.
Umgekehrte Acht
Sie werden den Weg zum Glück finden.

7 Aufrechte Acht
Aus Angst vor dem Versagen wagen Sie nichts Neues.
Umgekehrte Acht
Langsam, aber stetig werden Sie gesund und leistungsfähig.

8 Aufrechte Acht
Sorgen wegen der Forderungen anderer Leute.
Umgekehrte Acht
Geduld und Sinn fürs Detail wehren Kritik ab.

9 Aufrechte Acht
Bald werden Sie die Fesseln los.
Umgekehrte Acht
Sie fühlen sich beengt und verschieben wichtige Entscheidungen.

IO Aufrechte Acht
Sie begreifen, daß seelische Blindheit schuld an Ihrer Unentschlossenheit ist.
Umgekehrte Acht
Wunden heilen, und Sie denken wieder positiv.

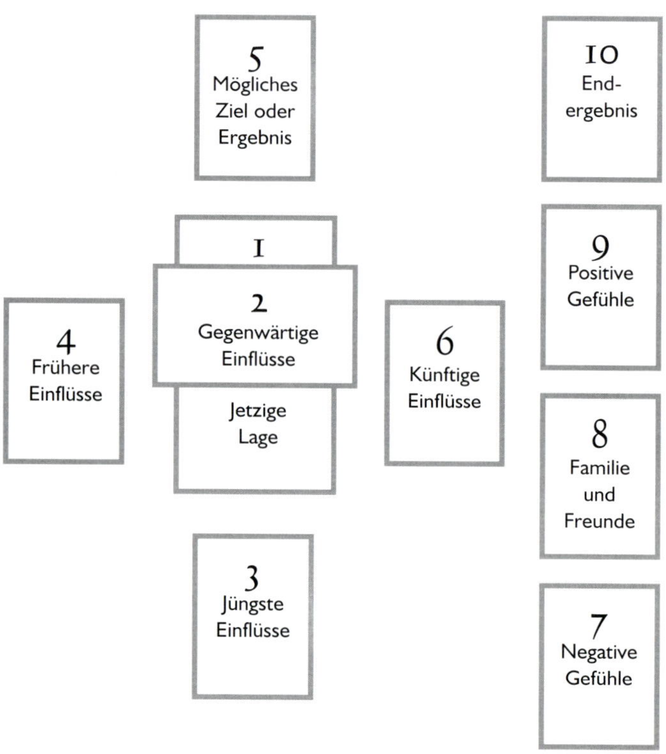

Sieben der SCHWERTER

Diese Karte fordert Diplomatie beim Streben nach einem Ziel; Aggressivität wäre verheerend, und Gier führt zu Prinzipienlosigkeit. Auf dem Kopf stehend, zeigt die Karte, daß Pläne scheitern und Grübeln über Fehler den Erfolg verhindert.

EMPFOHLENE DEUTUNG

1 **Aufrechte oder umgekehrte Sieben**
Hirn, nicht Muskeln bringt Sie ans Ziel.

2 **Aufrechte oder umgekehrte Sieben**
Mit List und Diplomatie meistern Sie eine schwierige Situation.

3 **Aufrechte Sieben**
Sie denken an ein neues Projekt, obwohl ein altes noch wartet.
Umgekehrte Sieben
Sie denken zuviel an alte Fehler und kommen deshalb nicht voran.

4 **Aufrechte Sieben**
Es läuft nicht wie geplant.
Umgekehrte Sieben
Nervosität kann zum Scheitern eines kühnen Planes führen.

5 **Aufrechte Sieben**
Umsicht überwindet jeden Widerstand.
Umgekehrte Sieben
Der Sieg ist greifbar; geben Sie nicht zu früh auf.

6 **Aufrechte Sieben**
Taktik und das Wissen um die Schwächen der anderen verhelfen zum Sieg.
Umgekehrte Sieben
Heuchelei hinterläßt einen schlechten Nachgeschmack.

7 **Aufrechte Sieben**
Halten Sie für Notfälle einen Alternativplan bereit.
Umgekehrte Sieben
Sie bekommen unerwartet etwas Wertvolles zurück.

8 **Aufrechte Sieben**
Rechnen Sie mit einer leichten Sportverletzung.
Umgekehrte Sieben
Verlangen Sie nur, was rechtmäßig Ihnen gehört.

9 **Aufrechte Sieben**
Falscher Stolz verhindert, daß Sie sich von anderen helfen lassen.
Umgekehrte Sieben
Zuviel Vertrauen kann schaden.

10 **Aufrechte Sieben**
Offener Streit hat verheerende Folgen.
Umgekehrte Sieben
Mut, Ausdauer und Voraussicht führen zum Triumph.

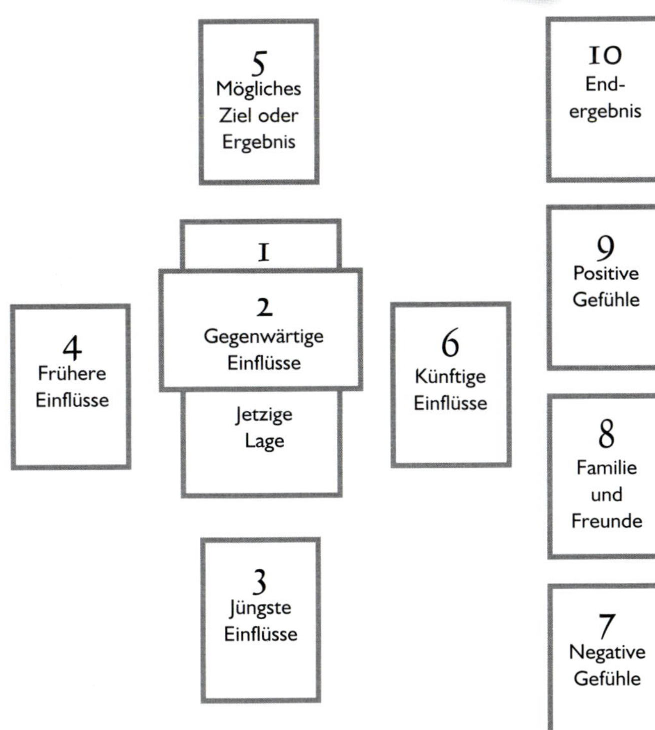

Sechs der SCHWERTER

Diese Karte kündigt eine Reise an einen angenehmeren Ort oder einen Besucher aus Übersee an. Sie kann auch das Ende einer schwierigen Phase, ein Risiko, das zu Gewinnen führt, und bessere Selbsterkenntnis bedeuten. Wenn sie umgekehrt ist, gibt es keine schnelle Lösung.

EMPFOHLENE DEUTUNG

I **Aufrechte oder umgekehrte Sechs**
Lösung drängender Probleme oder Erfolg nach einer Zeit der Angst.

2 **Aufrechte oder umgekehrte Sechs**
Ein Wechsel der Umgebung oder des Arbeitsplatzes bringt Erfüllung.

3 **Aufrechte Sechs**
Eine große Hürde ist ohne Verlust der Würde überwunden.
Umgekehrte Sechs
Starker Wunsch nach Wandel wegen Unzufriedenheit mit dem Beruf.

4 **Aufrechte Sechs**
Tiefere Einsicht und Objektivität nach Prüfungen und Opfern.
Umgekehrte Sechs
Sie brauchen spirituelle Hilfe, um beengenden Verhältnissen zu entfliehen.

5 **Aufrechte Sechs**
Eine harte Zeit geht zu Ende – es geht wieder voran.
Umgekehrte Sechs
Probleme verhindern den Erfolg nicht.

6 **Aufrechte Sechs**
Seelenfrieden nach einer langen Zeit der Sorgen.
Umgekehrte Sechs
Scheuen Sie Risiken nicht, wenn Sie alles gründlich geprüft haben.

7 **Aufrechte Sechs**
Ein neuer Freund oder ein Besucher aus Übersee.
Umgekehrte Sechs
Ein Umzug oder eine Reise beendet eine Beziehung.

8 **Aufrechte Sechs**
Umzug in eine schönere Gegend.
Umgekehrte Sechs
Ein Umzug oder eine Reise verzögern sich.

9 **Aufrechte Sechs**
Verstand und Einsicht verhelfen zu höherem Bewußtsein.
Umgekehrte Sechs
Zur Zeit gibt es keinen Ausweg, aber Hilfe kommt.

IO **Aufrechte Sechs**
Sie brauchen Einsatz und Kraft, um den Gewinn abzusichern.
Umgekehrte Sechs
Flucht vor Problemen zögert das Unvermeidliche nur hinaus.

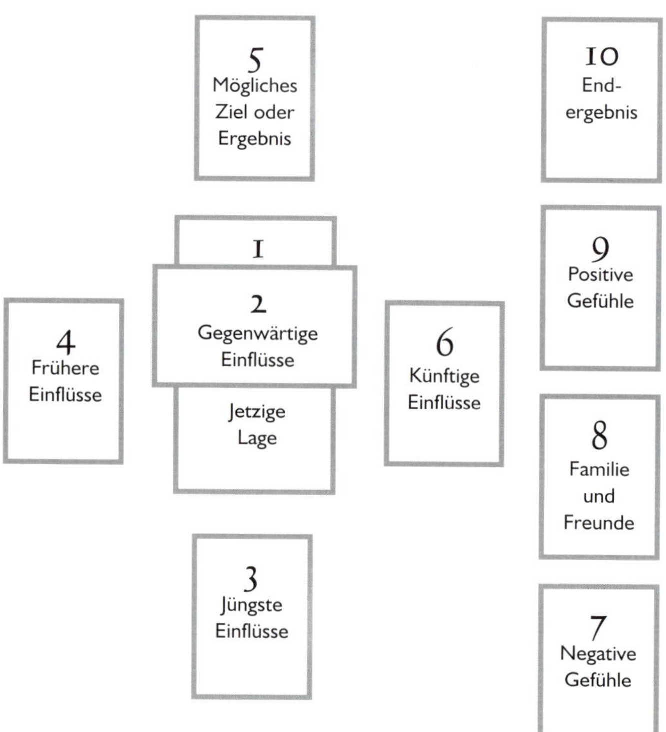

Fünf der SCHWERTER

Diese Karte fordert dazu auf, eine Niederlage einzugestehen und falschen Stolz abzulegen. Sie steht für Mangel an Empfindsamkeit, für Verleumdung und Feigheit. Wenn sie auf dem Kopf steht, verwandelt ein Triumph sich in Demütigung, oder Furcht führt zu Verlusten.

EMPFOHLENE DEUTUNG

I Aufrechte oder umgekehrte Fünf
Neuer Erfolg setzt voraus, daß Sie die Ursache des Scheiterns beseitigen.

2 Aufrechte oder umgekehrte Fünf
Akzeptieren Sie Ihre Grenzen, und Sie haben Erfolg.

3 Aufrechte Fünf
Scheitern wegen Selbstüberschätzung.
Umgekehrte Fünf
Ein schlechtes Geschäft bessert sich langsam.

4 Aufrechte Fünf
Verluste wegen unrealistischer Einstellung zum Geld.
Umgekehrte Fünf
Egoismus schreckt Freunde ab.

5 Aufrechte Fünf
Eine Niederlage, nüchtern analysiert, ermöglicht künftige Erfolge.
Umgekehrte Fünf
Gedankenlosigkeit kann zur Trennung führen.

6 Aufrechte Fünf
Sie müssen finanzielle Sicherheiten aufbauen.
Umgekehrte Fünf
Dem Ruin knapp entronnen.

7 Aufrechte Fünf
Verluste durch unfaire, vielleicht illegale Praktiken.
Umgekehrte Fünf
Ein Partner intrigiert und täuscht.

8 Aufrechte Fünf
Sie mißverstehen eine heikle Situation und schaffen ein schwieriges emotionales Problem.
Umgekehrte Fünf
Plötzliche Trennung von einem Partner oder Freund.

9 Aufrechte Fünf
Gewalt führt zu kurzem Triumph und langer Demütigung.
Umgekehrte Fünf
Diplomatie, nicht Aggressivität rettet den Sieg.

IO Aufrechte Fünf
Scheitern in einem Bereich führt zum Triumph in einem anderen.
Umgekehrte Fünf
Überwinden Sie Ihren Stolz, und lernen Sie, Ihre Fähigkeiten einzuschätzen.

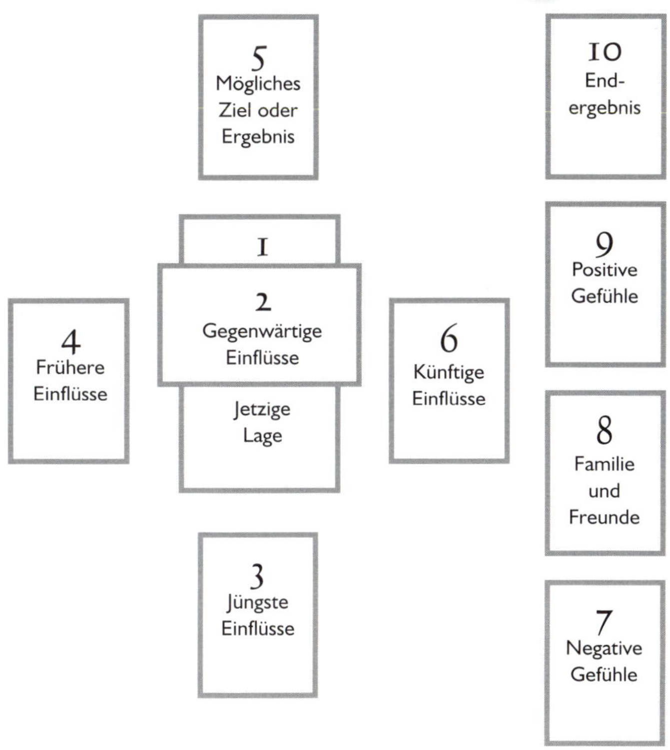

Vier der SCHWERTER

Friede nach Leid ist das Thema dieser Karte. Sie symbolisiert Ruhe, Meditation und Erholung nach Krankheit oder Angst. Wenn sie umgekehrt ist, enthüllt sie ein Gefühl der Isolation oder den Aufschub einer notwendigen Entscheidung und rät, klug und diplomatisch zu sein.

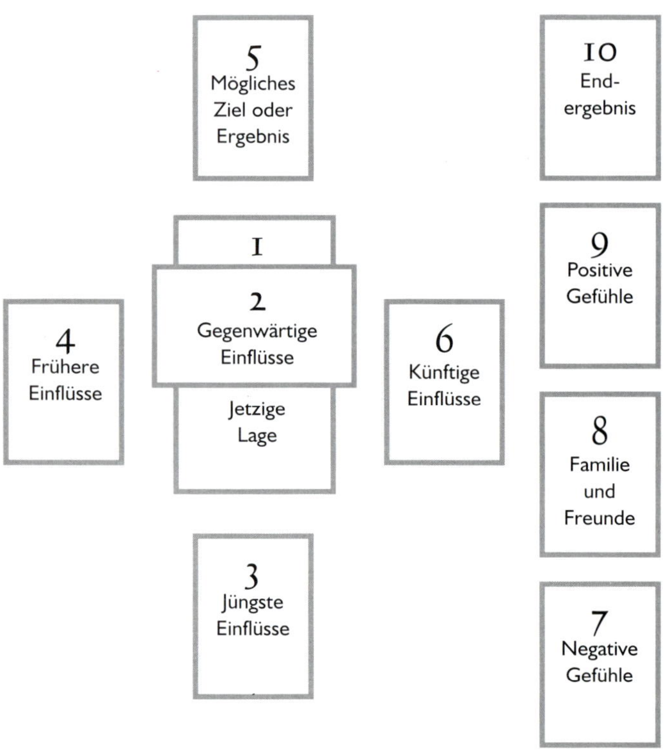

EMPFOHLENE DEUTUNG

I Aufrechte und umgekehrte Vier
Frieden und Ordnung nach Streit.

2 Aufrechte oder umgekehrte Vier
Sie brauchen Ruhe zum Analysieren und Organisieren.

3 Aufrechte Vier
Planung bereitet auf den Wandel vor.
Umgekehrte Vier
Sie haben zeitweilig den Kontakt mit dem Leben verloren.

4 Aufrechte Vier
Eine Wolke vor der Sonne löst sich auf.
Umgekehrte Vier
Lösen Sie berufliche Probleme diplomatisch.

5 Aufrechte Vier
Sie dürfen eine wichtige Entscheidung nicht hinausschieben.
Umgekehrte Vier
Zögern Sie das Unvermeidliche nicht hinaus.

6 Aufrechte Vier
Prüfen Sie vor einer Entscheidung, was für Sie am besten ist.
Umgekehrte Vier
Erholung nach Krankheit oder Erschöpfung.

7 Aufrechte Vier
Erholung nach einer anstrengenden Zeit.
Umgekehrte Vier
Neuer Glaube, neue Hoffnung, neue Energie.

8 Aufrechte Vier
Sie entdecken Ihre Energiereserven und empfinden neue Selbstachtung.
Umgekehrte Vier
Stellen Sie sich Ihren Gegnern.

9 Aufrechte Vier
Warten Sie geduldig. Die Lage bessert sich.
Umgekehrte Vier
Meiden Sie voreilige Versprechungen. Die Lage ändert sich schnell.

IO Aufrechte Vier
Ein harter Kampf, der Körper und Geist prüfte, ist gewonnen.
Umgekehrte Vier
Krankheit oder unfreiwillige Isolation erweist sich als Segen.

Drei der SCHWERTER

Diese Karte bedeutet immer Aufruhr und Sorgen; aber das schafft Platz für das Neue. Nach dem Zerbrechen einer Partnerschaft verspricht sie Heilung. Auf dem Kopf stehend, warnt sie vor dem Lecken alter Wunden und symbolisiert Unruhe im Umfeld und Rechtsstreit.

EMPFOHLENE DEUTUNG

1 **Aufrechte oder umgekehrte Drei**
Aufruhr bereitet dem Neuen den Weg.

2 **Aufrechte oder umgekehrte Drei**
Seelischer Aufruhr leitet eine bessere Zukunft ein.

3 **Aufrechte Drei**
Eine schwierige Phase einer engen Beziehung.
Umgekehrte Drei
Schmerzliche Trennung von der Familie oder vom Geliebten.

4 **Aufrechte Drei**
Altes und Unnötiges muß zerstört werden.
Umgekehrte Drei
Streit spaltet die Familie oder Partner.

5 **Aufrechte Drei**
Eine neue Zukunft steht bevor.
Umgekehrte Drei
Ihnen wird plötzlich klar, daß Sie als Partner blind waren.

6 **Aufrechte Drei**
Der Boden für etwas Neues wird bereitet.
Umgekehrte Drei
Streit wegen eines gebrochenen Versprechens.

7 **Aufrechte Drei**
Denken Sie nach, ehe Sie sprechen, sonst könnte es zu spät sein, einen Streit zu schlichten.
Umgekehrte Drei
Versuchen Sie, Frieden zu stiften – ein Streit hat immer zwei Seiten.

8 **Aufrechte Drei**
Eine Partnerschaft oder Ehe zerbricht.
Umgekehrte Drei
Sorgen und Tränen wegen eines treulosen Partners.

9 **Aufrechte Drei**
Selbstbetrug in einer emotionalen Beziehung führt zu Enttäuschung.
Umgekehrte Drei
Dreierbeziehungen lösen sich selten freundschaftlich auf.

10 **Aufrechte Drei**
Die Morgendämmerung ist nahe.
Umgekehrte Drei
Vergangene und nicht vergebene Schmerzen machen unglücklich.

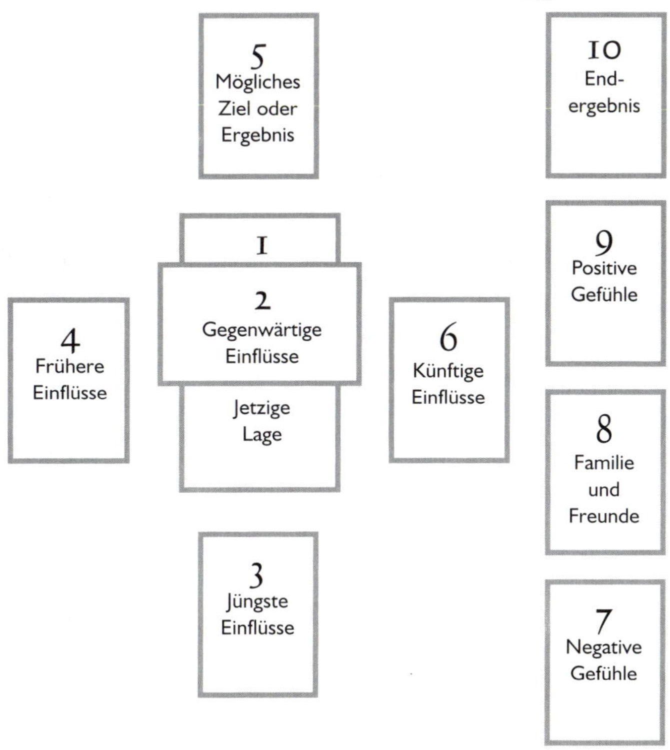

Zwei der SCHWERTER

Die Schwert Zwei kündigt Gutes an, das Bösem folgt, außerdem Hilfe in der Not, eine schwierige Entscheidung oder spirituelle Befriedigung. Die umgekehrte Karte enthüllt Schwäche, rät, die Vergangenheit ruhen zu lassen, und warnt vor einer falschen Entscheidung.

EMPFOHLENE DEUTUNG

1 Aufrechte oder umgekehrte Zwei
Sie müssen bald eine schwere Entscheidung treffen.

2 Aufrechte oder umgekehrte Zwei
Sie sind unfähig, sich zu entscheiden.

3 Aufrechte Zwei
Eine schwierige Entscheidung verlangt Ehrlichkeit zu sich selbst.
Umgekehrte Zwei
Ein emotionales Problem lähmt die Entschlußkraft.

4 Aufrechte Zwei
Suchen Sie eine neue Lösung für ein Problem.
Umgekehrte Zwei
Sie sind schwach, weil Sie nicht handeln.

5 Aufrechte Zwei
Ruhe nach einem Streit.
Umgekehrte Zwei
Denken Sie gut nach, ehe Sie sich engagieren.

6 Aufrechte Zwei
Stellen Sie sich der Situation.
Umgekehrte Zwei
Ein boshafter Mensch sorgt für Aufruhr.

7 Aufrechte Zwei
Aufrichtigkeit reinigt die Atmosphäre und führt zu Liebe und Frieden.
Umgekehrte Zwei
Spannungen in einer Beziehung wegen mangelnder Selbstbeherrschung.

8 Aufrechte Zwei
Gemeinsame Probleme führen zu dauerhafter Freundschaft.
Umgekehrte Zwei
Seien Sie nicht zu redselig gegenüber neuen Bekannten.

9 Aufrechte Zwei
Erfolg in einem Bereich.
Umgekehrte Zwei
Sie wissen nicht, welcher Weg der beste ist.

10 Aufrechte Zwei
Ein neues Projekt bringt Erfolg und Anerkennung.
Umgekehrte Zwei
Seien Sie vorsichtig – Eile kann zu falschen Entscheidungen führen.

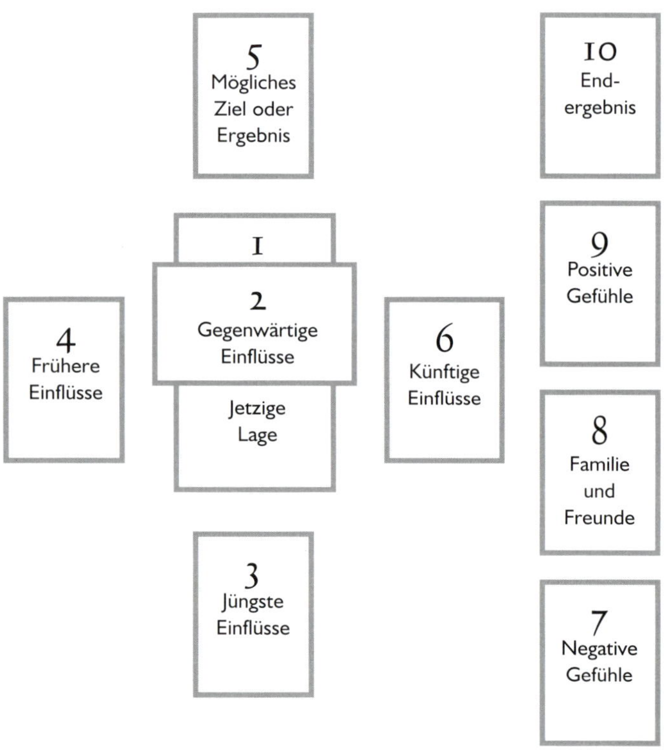

As der SCHWERTER

Das As der Schwerter ist eine starke Karte – ob es Gutes oder Böses verkündet, hängt von seinen Nachbarn ab. Diese Karte strahlt Unvermeidbarkeit aus: Das ganze Leben wird sich ändern. Auf dem Kopf stehend, verkündet sie einen Sieg mit schlimmen Folgen.

EMPFOHLENE DEUTUNG

1 **Aufrechtes oder umgekehrtes As**
Ein innerer und äußerer Wandel steht bevor.

2 **Aufrechtes oder umgekehrtes As**
Ein unvermeidliches Ereignis ändert das Leben.

3 **Aufrechtes As**
Brillanter Verstand und Idealismus kämpfen für eine gerechte Sache.
Umgekehrtes As
Prüfen Sie Ihre Zukunftspläne genau.

4 **Aufrechtes As**
Fortschritt in einer Sache, die nicht aufzuhalten ist.
Umgekehrtes As
Erwarten Sie nicht das Schlimmste, bleiben Sie positiv.

5 **Aufrechtes As**
Gerechter Lohn für Ihre Mühe.
Umgekehrtes As
Sie legen überholte Ansichten ab.

6 **Aufrechtes As**
Sie haben den Mut, Ideen zu verwirklichen.
Umgekehrtes As
Streit über neue Ideen oder Pläne.

7 **Aufrechtes As**
Sie sind jetzt von den Fesseln der Vergangenheit frei.
Umgekehrtes As
Wenn Sie andere drängen, erreichen Sie nichts.

8 **Aufrechtes As**
Wahre Freunde helfen Ihnen bei Ihrem neuen Projekt.
Umgekehrtes As
Trotz Widerstandes ist der Erfolg gewiß.

9 **Aufrechtes As**
Die Saat des Erfolges keimt rasch.
Umgekehrtes As
Kämpfen Sie für einen neuen, schöpferischen Standpunkt.

10 **Aufrechtes As**
Der Erfolg mag unerwartet sein, aber er ist gewiß.
Umgekehrtes As
Nehmen Sie Hilfe an, und konzentrieren Sie sich auf ein bestimmtes Ziel.

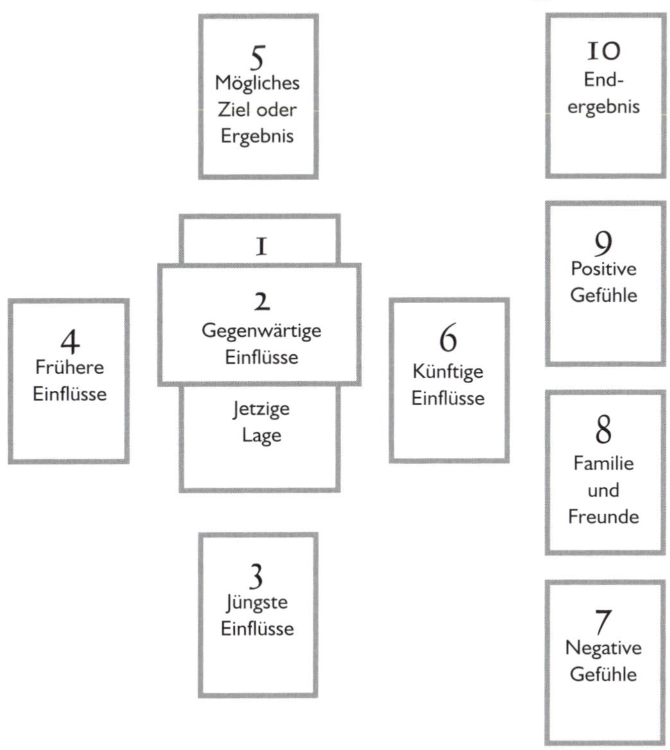

REGISTER

Kursive Seitenzahlen verweisen auf Abbildungen.

DANKSAGUNG

Quarto dankt folgenden Personen und Institutionen dafür, daß sie die Bilder für dieses Buch zur Verfügung gestellt haben:

Abbildungen aus dem *Tarot de Marseille* mit freundlicher Genehmigung von France Cartes Grimaud, BP 49, 54132 Saint Max Cédex, Frankreich.

Abbildungen aus dem *Thoth-Tarot von Crowley* und dem *Schweizer Tarot IJJ* mit freundlicher Genehmigung von AGM AGMüller, CH-8212 Neuhausen am Rheinfall.

Abbildungen aus den *Pierpont Morgan-Bergamo Visconti-Sforza Tarocchi* und den *Ukiyoe-Tarot* mit freundlicher Genehmigung von US Games Systems, Inc, Stamford, CT 06902 USA. Copyright © Pierpont Morgan-Bergamo Visconti-Sforza: 1975 und Ujiyoe: 1982 by US Games Systems Inc.

Art Resource-Giraudon/Pierpont Morgan Library, New York: S. 8, 9 (unten), 10; Giraudon/Musée des Beaux-Arts de Rennes: S. 9 (oben); Giraudon: S. 10, 15; Alinari-Giraudon: S. 14, 16; Christie's Images: S. 17.

Alle anderen Abbildungen: © Quarto Inc.
Quarto bedankt sich außerdem bei David Westnedge für seine freundliche Unterstützung.

Tarot de Marseille

Thoth-Tarot von Crowley

Schweizer Tarot IJJ

Pierpont Morgan-Bergamo Visconti-Sforza Tarocchi

Ukiyoe-Tarot